清·周召撰

雙橋隨筆

（一）

中國書店

詳校官編修臣倉聖脈

臣紀昀覆勘

欽定四庫全書　子部一

雙橋隨筆　儒家類

提要

臣等謹案雙橋隨筆十二卷

國朝周召撰召字公右號拙菴衢州人康熙初官陝西鳳縣知縣是編乃其甲寅乙卯間值耿精忠搆逆避兵山中所作雙橋者其山中所居地也卷端標曰受書堂集而以雙橋隨

筆為子目殆全集中之一種歟前有自序稱老生常談誠不足採而藥石之言原以鍼砭兒輩與世無關所自矜者集中大意在於信道而不信邪事人而不事鬼言理而不言數崇實而不崇虛竊以為獨立之見若中流一砥云云雖自詡似乎太過而所言皆崇禮教斥異端於明末士大夫陽儒陰釋空談性命之弊尤言之深切于人心風俗頗有所裨惟

其隨筆記録意到即書不免於重複冗漫又適逢寇亂流離奔走不免有憤激之詞往往歸怨於天是則學之未粹耳乾隆四十九年閏三月恭校上

總纂官臣紀昀臣陸錫熊臣孫士毅

總校官臣陸費墀

雙橋隨筆序

生平株守户外罕窺鳳嶺賦歸則益杜門訪古以課兒輩為事兒鴻舉業外旁治詩歌古文辭姪暨幼孫初攻八股容膝數楹焚香篝燈咿唔聲丙夜不絕余從枕上聽之意甚適也無何闖營陡聞山魈蝟起一時訛言騰嚇闤闠之衆倉皇出城余未甞為動而老稚相向驚啼勢不能止遂亦携至雙橋僦數椽棲焉雙橋在萬山中又有清流激湍茂林修竹之勝汲泉掃石儘堪自娛奈

田廬榛莽餬口無資又在魚睨鹿駭時則終朝仰屋而嘆不復能唱渭城矣然而結習難拋窮鬼未送一門傖腐非作老蠹魚消此㸑丸張口蒙然欠伸足媿此時圖書滿架已遭六丁攝去作烏有先生又無可以酬一鴟者乃搜索枯腸有平時記誦畧皆上口者隨意録之參以管見而此身閲歴世故人情可悲可愕之事間亦贅焉自去夏迄今歲月一周帙遂盈寸嗟乎當此礮火雷轟劍戟紛拏之際風聲鶴唳一夕數驚每一轡聞女哭

兒啼奔投無地而余猶戀戀負一破奚囊護茲數帙風雨踉蹌未嘗釋手蓋亦迂癡實甚供人嗢噱者矣惟是老生常談誠不足採而藥石之言原以鍼砭兒輩與世無關所自矜者集中大意在于信道而不信邪事人而不事鬼言理而不言數崇實而不崇虛竊以為獨立之見若中流一砥手畀兒輩以代籯金時置案頭勝飲清酒三升壯其胆識則于闡揚聖教扶進人心之際不無少補焉綴以為編意在于此

康熙十五年歲次丙辰仲冬月拙菴周名自識

欽定四庫全書

雙橋隨筆卷一

鳳縣知縣周召撰

雙橋隨筆一 四十一則

戶樞不轉則必腐鎖腹不開則必鏽人心不用則必灰蘇長公言人心不可縱放閒散既久毛髮許事便自不堪筆疇云自小以讀書為業除把筆攻文外世故茫然不知纔有毛髮事則蹙蹙不自寧矣蓋懶惰之害也如

此陶侃豪傑士也朝運百甓於齋外暮運百甓於齋内豈無所用其心哉正以人心一懶則百骸俱怠百骸俱怠則心日荒而萬事廢矣訓子弟者不得不以讀書為急而世情不諳又多懞然張口如坐雲霧中人況於玩日愒月而不自惜其年者可無猛省

昔諸葛武侯與司馬仲達治軍渭水克日交戰宣王戎服涖事使人視武侯獨乘素輿指揮三軍隨其進止宣王嘆曰諸葛君可謂名士矣仲達此評為臥龍寫照儁

永堪思然必如武侯乃稱名士飲酒讀離騷輙冐此稱談何容易

詩文皆不厭改杜子美云新詩改罷自長吟歐陽永叔作文先貼於壁時加竄定有終篇不留一字者黃魯直長年多改定前作張文潛云世以白樂天詩為得於容易嘗於洛中一士人家見白公詩草數紙點竄塗抹及其成篇殆與初作不侔是當時所傳每作詩令一老嫗解之問曰解否不解則又易之故唐末詩近於鄙俚云

然樂天之詩實未嘗淺易若此也魏菊莊極言冷齋夜話之謬極是

蜀先主臨終戒後主曰可讀漢書禮記歷觀諸子六韜商君書益人意智孫權嘗謂吕蒙及蔣欽曰卿今正當塗掌事宜學問以自開益蒙曰在軍中常苦多務恐不容復讀書權曰孤豈欲卿治經為博士耶但當令涉獵見往事耳北魏主問李光何事益人神智對曰惟有讀書陳眉公云小兒輩不當以世事分讀書當令以讀書

通世事蓋書者神智所由以生而世事所由以達者也世有童而習之迄於白首而問以世務則懞然張口如坐雲霧者是豈書之過也哉

談陰陽風水而不為之惑雖賢智之人百無一二焉即先輩集中亦有暢言其非者然所言者理也而世人猶未悟請以情動之可乎今夫父母之於子自懷胎墮地以迄成人其間察其啼笑伺其饑飽候其寒煖疾痛疴癢呴噢抱持艱辛萬狀既離襁褓則又為之延師為之

擇室在目下既營衣食之謀憂異日又悉田園之計生前之心血為兒孫作馬牛已盡枯矣既歸黄土似可以息肩矣乃一切得喪榮枯窮通壽夭與夫至纎極細者仍無不歸其責於就木之人嗟乎父母欲受人子之報生未必能而人子不恤父母之勞死猶不免易不云乎幹父之蠱有子考无咎吾身幸為男子戴圓履方不能自立而欲邀庇於塚中之枯骨使有遷徙暴露之憂起訟破家之患不但不仁亦不智甚矣且風水之利聽之

父母乎父母有知未有不愛其後者也不待風水也聽之地理乎則父母既無權矣但覓佳地而供奉之可矣不待塋吾父母也然使風水有靈夫塊然之土與人相隔非有手足耳目也何所施為何所營運能使其家獨蒙福利而無枯喪貧殀之憂哉不思及此而致父母不獲安於土甚矣世人之愚也子思曰君子居易以俟命孟子曰殀壽不貳修身以俟之不能修己而妄意風水之可以庇人則已近於行險僥倖之計矣考亭而在吾

将正言以問之

立心清恕而體質穩重者乃福德貴人也開卷有益積善降祥常以此八字自勉并以此告知己此司馬温公語也歐陽永叔不誇文章蔡君謨不誇書吕濟叔不誇棋柯公南李公素不誇飲酒司馬君實不誇清約大抵不足則誇也此范蜀公語也學者當以書紳可以陶汰性情變化氣質於進德修業之功所裨不淺

黄金滿籯不如貽子一經所可恨者積書與子孫而子

孫未必能讀且有鬻之以供衣食者矣至於先人手撰之書尤宜珍惜即不幸而罹兵火之厄必用心設法守之護之勿使遺燬乃有不肖子孫絶無手澤之念覆瓿投溷有若芻靈昔人制作因之不傳於世者不知凡幾矣更有甚者如宋司馬伋畏秦檜有私史害正之語遂言涑水記聞非其曾祖光所論者李光家亦舉光所藏書萬卷悉焚之嗟乎祖宗何罪且書亦何罪而為之後者止以權奸之燄恐為所累而棄之惟恐不速子孫之

不肖抑至於此

秦熺恃其父氣燄薰灼手書移郡將欲取王姓之所藏書且許以官其子長子仲信苦學有守號泣拒之曰願守此書以死不願官也郡將以禍福誘脅之皆不聽熺亦不能奪而止有子若是司馬光李光兩家兒泉下有知能無愧死

凡書之成帙者必不可纂韓柳歐蘇之文各自為篇拔其尤以便初學猶為近可若夫集有專名另成一種亦

各摘其數條攟摭為部以示博綜非窺豹斑實截鶴脛蹈此說者無如陶氏說郛草草拈出僅一二則亦標曰某書某書雖云多種但可謂之書目而已其所撰輟耕録則甚佳

彙輯諸家所撰而無割裂宂碎之傷者古今逸史漢魏叢書稗海秘笈秘書九種諸子文歸紀録彙編漢魏名家諸刋其經刪訂而不害為全書則古文五刪為最他若陳明卿先生八編纂潛確類書皆足以饋貧拯亂士

人案頭不可不備

集古今經濟要務以成一書惟邱瓊山大學衍義補朱

子撰古今治平略所謂一屋散錢而又有繩以貫之者

真金科玉律之文也

養生者不足以當大事惟送死可以當大事孟子此言

豈願世人惟務繁文俗套而絶無人子悲哀痛苦之情

哉古之為制殮葬有制哭踊有節服制有數祭奠有時

子思曰喪三日而殯凡附於身者必誠必信勿之有悔

焉耳矣三月而葬凡附於棺者必誠必信勿之有悔焉
耳矣人子不幸而喪其親考之古制酌而行之合天理
而審人情富貴貧賤各稱其家斂形懸棺可以無恨後
世之人不知法古而惑於僧道因果之言陰陽風水之
術罔極之哀置之局外以七日為超薦之期奉為玉律
以十殿為輪迴之地妄語陰司鐘鼓嘈雜梵唄紛紜習
俗相沿有如兒戲其間以父母起見者十無一二或為
體面宜粧支撐勉力發引之前延賓演劇笑語喧嘩就

道之辰結縩揚旌笙簫鼎沸當是時也弔客之帳少實多文孝子之容有聲無淚噫嘻異哉昔樂正子春之母死五日而不食曰吾悔之自吾母而不得吾情吾烏乎用吾情夫過於情而尚自以為悔況乎不用其情者哉余以為居親之喪宜考文公家禮稱貧與富斟酌行之而悉去時人之陋習庶不至遺恨於大事之不克襄耳因語兒輩即以此為余異日歸山之盟如背斯言是違父之命不孝莫大焉倘慮有招物議以為儉親者持此

篇約略數語奉告姻朋鄉黨諸先生大人可也

周世宗明達英果議論偉然即位之明年廢天下佛寺三千三百三十六是時中國乏錢乃詔悉燬天下銅佛像以鑄錢嘗曰吾聞佛說以身世為妄而以利人為急使其真身尚在茍利於世猶欲割截況此銅像豈有所惜哉由是羣臣皆不敢言即此一事三代以後之君幾人能及

太平清話云先秦兩漢詩文具備晉人清談書法六朝

人四六唐人詩小説宋詩餘元人畫與南北劇皆是獨立一代余謂秦漢詩文晉人書法唐人詩宋詞元畫尚矣至於清談四六小説南北劇開人蹤狂靡麗荒誕淫哇之習為厲不淺人有宜東於高閣而文有當付之冷灰者或但取其言與文供人耳目之翫則可耳

顔之推家訓勉學篇文吾七歳時誦靈光殿賦至於今日十年一思猶不遺忘二十之外所誦經書一月廢置便至荒蕪矣柳子厚云賢者不得志於今必取貴於後

古之著書者皆是也宗元近欲務此然才薄力劣無異能解雖欲秉筆覼縷神志荒耗前後遺忘終不能成章往時讀書自以不至觝滯今皆頑然無復省録每讀古人一傳數紙以後則再三伸卷復觀姓氏旋又廢失秦太虛云予少時讀書一見輒能成誦疏之亦不甚失然負此自放喜從滑稽飲酒者遊旬朔之間把卷無幾日故雖有强記之力而常廢於不勤此數年來頗發憤自懲艾悔前所為而聰明衰耗殆不如曩時十一二每閲

一事必尋思數次終掩卷茫然輒復不省故雖有勤苦之勞而常廢於善忘嗟乎義轂難停桑榆易晚有才之士回憶少年情猶如此中下子弟其何以堪葢老而好學有如秉燭之明往日蹉跎雖悔何及所以禹惜寸陰而吾輩宜惜分陰尚恐坐荒歲月耳

鄭玄自徐州還高密道遇黄巾賊數萬人見玄皆拜相戒不敢入縣境孫期習京氏易古文尚書家貧不仕事母至孝癯膳莫供乃於大澤中牧豕以資奉養遠人從

學者皆執經隴畔黄巾賊起適期里陌輙相飭約曰莫犯孫先生舍海寇黎盛犯潮州悉毁城堞且縱火至吳子野近居盛登開元寺塔見之問左右曰是非蘇内翰藏圖書處否麾兵救之吳氏歲寒堂民屋附近者賴以不毁甚衆嗟乎今之弄兵於萑苻者所在見告矣雖如鄭康成孫仲彧蘇和仲者甚少然亦豈無好善喜文之人戒不入境犯舍麾兵救火者乎世上如今半是君是所望於掛書投劍出緑林中而獨稱豪士者

吾子彦書室中修行法心閒手懶則觀法帖以其可逐事放置也手閒心懶則治迂事以其可作可止也心手俱閒則寫字作詩文以其可兼濟也心手俱懶則坐睡以其不强役於神也心不定宜看詩及雜短故事以其易於見意不滞於久也心閒無事宜看長篇文字或經註或史傳或古人文集此又甚宜於風雨之際及寒夜也

明胡維庸之獄有訴浦江鄭氏與維庸交通者時四方

仇怨相告訐凡指為胡黨率相收坐重獄鄭氏素以孝義聞兄弟六人吏捕之急諸兄弟急欲行其弟鄭湜曰弟在乃使諸兄罹刑辟耶獨詣吏請行仲兄濂先有事京師暨弟至迎謂曰吾家長當任罪弟無與焉湜曰兄老吾往辨之萬一不直弟當服辜二人争入獄太祖聞俱名至廷勞勉之謂近臣曰有人如此而肯從人為非耶即宥之此與孔褒一門争死事同乃濂等幸遇聖明遂蒙鑒宥而褒生無道之世罪竟坐焉何所遭之異耶

東魏高歡西魏宇文泰並出一時梟雄權譎足以相抵
沙苑邙山之戰機謀迭見勝負互分泰為彭樂所追身
幾擒而幸逸歡為敗敵所窘刃垂及而旋生至於李剽
隱身鞍甲令貴血濺征裳李穆扶主背而追騎不疑蔡
祐挾一矢而四面拒敵泰既仗用命之臣彭樂內腸復
戰高昂奮首示人興慶盡百箭而捐軀段韶射敵馬以
救主歡亦多死綏之士兩虎相爭勢均力敵所謂棋逢
敵手鼠鬭穴中勝敗死生之機轉在俄頃當異常急迫

時槊下之危懽氣殆絶而秦亦驚不得睡枕蔡祐股而始安古來兩軍酣戰左傳所載秦晉齊楚為奇而此則鉅鹿昆陽之後亦令人口呿舌橋者矣

古之用兵者如周瑜赤壁之焚謝玄淝水之捷韓世忠鎮江之戰虞允文采石之功皆能料敵出奇以少擊衆然而雖係人謀亦有天幸焉又未若岳武穆兵不滿萬屢獲奇功如以八百人破羣盗王善等五十萬衆於南薰門以八千人破曹成十萬衆於桂嶺其戰烏珠於穎

昌則以背嵬八百於朱仙鎮則以五百皆破其衆十餘萬王善曹成猶云烏合之衆摧之不難烏珠兵精力銳所向無前而一遇岳家軍輙謂撼山猶易用兵之善誠未有如武穆者也

武穆御兵有取民麻一縷以束芻者立斬以徇卒夜宿民開門願納無敢入者軍號凍死不拆屋餓死不鹵掠其嚴如此然在軍中卒有疾武穆親為調藥諸將遠戍武穆遣妻問勞其家死事者哭之而育其孤或以子婚

其女凡有頒犒均給軍吏秋毫不取盖撫循其下不異於家人婦子故能得衆心而法令所施毫不忍犯惟恩與威並行故也明季為將者平時不恤士卒刻薄寡恩驅之戰鬭人無固志則有縱之剽掠以悅其心而已矣孰肯出死力以赴敵而有不敢草菅民命之心哉

東漢人爭尚節義後世所難梁冀誣李固下固於獄門生王調貫械上書訟固之枉趙承等數十人亦要鈇鑕詣闕通訴太后明之乃赦焉及出獄京師市里皆稱萬

歲冀聞之大驚畏固名德終為己害乃更奏前事遂誅之而露固尸於四衢令有敢臨者加其罪固弟子汝南郭亮年始成童游學洛陽乃左提章鉞右持鈇鑕詣闕上書乞收固尸不許因往臨哭陳辭於前遂守喪不去夏門亭長呵之曰李杜二公為大臣不能安上納忠而興造無端卿曹何等腐生公犯詔書干試有司乎亮曰亮含陰陽以生戴乾履坤義之所動豈知性命何為以死相懼南陽人董班亦往哭固而殉尸不肯去太后憐

之乃聽得襚斂歸葬二人由此顯名曹節等矯詔下陳

蕃黄門北寺獄即日害之徙其家屬宗族門生故吏皆

斥免禁錮蕃友人陳留朱震時為銍令聞而棄官哭之

收葬蕃尸匿其子逸於甘陵界中事覺繫獄合門桎梏

震受考掠誓死不言故逸得免此數公者立地頂天目

無奸佞千載而後死骨猶香蔡邕才名蓋代而知己之

感乃付凶人瘐死獄中又何足惜所謂均為一死而有

泰山鴻毛之異者非耶又固女文姬預匿其弟燮難作

以付父門生王成成將變入徐州令變姓名為酒家傭而成賣卜於市各為異人陰相往來變從受學酒家異之意非恒人以女妻變變專精經學梁冀伏誅以赦還鄉里後王成卒變以禮葬之感傷舊恩每四節為設上賓之位而祠焉後為河南尹先是潁川甄卲諂附梁冀為鄴令有同歲生得罪於冀亡奔卲卲偽納而陰以告冀即捕殺之卲當遷為郡守會母亡卲且埋母尸於馬屋先受封然後發喪卲還至洛陽變行塗遇之使卒投

車於溝中笞捶亂下大暑帛於其背曰謟貴賣友貪官
埋母乃具表其狀卽遂廢錮終身其他廉方自守不媿
其父卒之日時人感其忠正咸傷惜焉
民間之害莫甚於盜盜起而大兵隨之荆棘生焉亂離
之慘有不可言者昔周世宗與將相食於萬歲殿因言
兩日大寒朕於宫中食珍膳深愧無功於民而坐享天
禄既不能躬耕而食惟當親冒矢石為民除害差可自
安耳旨哉斯言九重之上每念及此白波無警天下太

平矣盖世宗負英武之姿御軍號令嚴明人莫敢犯攻城對敵矢石落左右略不動容應機决策出人意表親冒矢石為民除害誠非虛語宜其登遐之日遠邇哀慕也

蜀之富人賫金餽揚子雲乞附姓名於法言而子雲不許至於谷口鄭子真則津津樂道焉以視索米為作佳傳者人品何啻霄壤昔人疑劇秦美新非子雲之筆未為無見乃余更於富人有取焉子雲一官拓落寂寞自

甘其所著撰俗物見之應取以覆醬瓿耳而若人乃慕
一儋石不充之人欲乞數字以為榮嗟乎今之守錢積
穀翁作夜郎王擁貲自大其視負薪行吟織簾苦誦之
輩方且厭而唾之以為不祥尚有若人在其目中哉是
今之富人比古之富人其面目肺腸又不堪相對矣子
雲無劇秦美新事史疑辨之甚悉余詠史詩未免輕訾
古人書此以誌率筆之悔
昔人謂天下才共一石惟曹子建得八斗乃其與楊德

祖書好人譏彈其文有不善者應時改定丁敬禮常作小文使之潤飾自以才不過若人為辭當時目子建者以為繡虎而歛不自足若是李本寧謂其弱志强骨虛心實腹故當時獨步鷹揚擅名振藻發跡高視之儔無得而踰焉常見少年輩粗能握管或以帖括稍工輙至足高氣揚不能自主盖天下大矣身在井中而遽謂天在是何異鸒與鶯鳩之見乎常舉以戒兒輩稍有此心受病不淺大約多讀書廣聞見使器量日開性情日厚

則神智日生而不入淺狹輕浮之陋習諸葛武侯訓子寧靜淡泊之言當書之座右時以自儆

司馬温公家訓云吾記天聖中先公為郡牧判官客至未嘗不置酒或三行五行多不過七行酒酤於市果止於梨栗棗柹之類殽止於脯醢菜羮器用磁漆當時士大夫家皆然人不相非也會數而禮勤物薄而情厚叅政魯公為諫官真宗遣使急名之得於酒家既入問其所來以實對上曰卿為清望官奈何飲於酒肆對曰臣

家貧客至無罷皿肴果故就酒家觴之上以無隱益重之古人居家宴客其儉如此吾鄉邇來俗尚日侈祀神演劇之際爲費不貲余方以過盛爲憂而今歲遂有三山之變城上廬舍蕩若邱墟居家罷具如焚如洗偶與徐元公談及此後殘喘幸存我輩聚首但有汙樽杯飲而實以太羹元酒耳憶曩時設客稍豐真覺無謂

東漢明帝時公車以反支日不受章奏帝聞而怪曰民廢農業遠來詣闕而復拘以禁忌豈爲政之意乎遂蠲

其制

堯夫自號為安樂先生其西為甕牖讀書其中晡時飲酒三四甌微醺便止不使至醉喜吟詩作大字書然遇興則為之不牽强也大寒暑則不出每出則乘小車為詩以自詠曰花似錦時高閣望草如茵處小車行司馬温公贈以詩曰林間高閣望已久花外小車猶未來堯夫隨意所之遇主人喜客則留三五日又之一家亦如之或經月忘返性雖高潔而對客接人無賢不肖貴賤

皆歡然相視自言若至重疾自不能支其有小疾有客對話不自覺疾之去體也後李卓吾亦喜高潔而肆志不經至取恠民之禍倘以先生為師辭榮履素杜門著書弄月吟風自有樂地奈何讀孔孟書博帶峩冠為時命吏一旦披緇杖錫蔑棄倫常而又賦資褊急傲物氣高以畔道離經致干國憲憤激自裁又將誰懟嗟乎若此公者真所謂自貽伊戚辜負盛世之民耳以視堯夫之平易近人翛然自得其度量相越何止霄壤

陳后山詩云書當快意讀易盡客有可人期不來世事相違每如此好懷百歲幾回開又云俗子推不去可人期不來世事每如此我生亦何娱后山此語兩見於詩其胸中紆鬱甚矣然以余思之此不諳人情世故之語也蓋后山端潔人也其家必淡漠而無招權行賄問舍求田經營阿堵之事是其門固俗人之望而却走者乃有人焉推之而不去則其淡於勢利愛戀后山而不忍遽别可知矣是后山所謂俗子者余疑其爲可人也易

不云乎同聲相應同氣相求以后山之人之文與詩大雅君子應不待謀而自合不待期而自集矣而乃至於費招呼期不來此必趨炎附勢之輩奔走不遑而懶與文士親近者也尚得謂之可人乎是后山之所謂可人者余疑其為俗子也故曰此不諳人情世故之語也惟快意書讀之易盡實為苦事雖然處今之時尚有讀易盡之書而不可得者其懷抱之惡又當何如哉是欲求如后山之所苦而不能矣豈不可嘆

明朱君復有諸子斟淑一書歷數成周鬻熊以至於唐馬摠凡五十一家俱有評論雖其間推揚彈射未必盡確而數行之内古人面目其大略俱已拈出其論王充之論衡也以為春秋戰國以後著書者皆嗜信異理甚舛者膠固前言守弗敢破仲任由千載之下而能獨秪狂瀾剗虚黜謬即意有過激辭閒近瑣乃其精鑒卓識自當凌厲千古使在聖門必不居狂狷之後孔子之所必取也中郎子元之識豈其出後儒下而乃以迂腐酸

見力詆豪傑甚為之扼腕其論劉向也以為向之忠悃直與三閭大夫後先掩映身為宗臣而數困於讒不改其操可謂社稷臣矣孟堅稱為直諒多聞古之益友似不足以盡之此其論又與東海何栢湖甚合其序説苑略云數千百年之後凡成學治古文者欲考見三代放失舊聞惟子政之書為雅馴今讀説苑二十篇自君道臣術而下即繼以建本極於修文終於反質盖庶幾三王承敝易變之道又豈後代俗傳所得究其旨要哉余

懼學者承誤習謬使子政之心不白於天下乃為之辨如此以此序及君復之論論衡者合而觀之則君復之自名其書以為快誰曰不可

人但知鬱林石故事而不知江革亦有之革自武陵王長史除都官尚書將還所給一舸舸艚偏欹不得安臥乃於西陵岸取石數片以寔之其清貧如此

士君子幸入仕版雖居下僚為百里長身去之後不可使人罵而宜使人思宋王元之韓魏公皆居於黃州黃

州之民曰吾州雖小然王元之韓魏公皆辱居焉以誇於四方之人元之自黄遷蘄州没於蘄然世之人稱元之者必曰黄州而黄人亦曰吾元之也魏公去黄四十餘年而思之不置至形於詩兩公去後之思若此竊謂黄州土風厚善其民寡求而不争其士静而文朴而不陋雖閭巷小民知尊敬賢者其私賢人君子以為寵也固宜若夫荒山小邑僻而遠僿而不文官此地者雖治行如卓魯龔黄無由自見僅博地方老幼幾滴淚垂而

已或曰滴淚雖微勝於豐碑高峙滿眼鋪張者何啻霄壤因述之以告夫世之願學王韓二公者

人生在世惟五倫之屬乃係天常世人好異佛老外又有神仙荒誕不經惑人非淺東坡云世傳桃源事多過其實考淵明所記止言先世避秦亂來此則漁人所見似是其子孫非秦人不死者也又云殺雞作食豈有仙而殺者乎舊說南陽有菊水甘而芳民居三十餘家飲其水者皆壽或至百二三十歲蜀青城山老人村有見

五世孫者道極險遠生不識鹽醯而溪中多枸杞根如龍蛇飲其水故壽從來所謂神仙者大約此等人耳而陳眉公謂道士侯道華喜讀書呂洞賓陳摶賀元施肩吾皆本書生宋譙定雍孝聞尹天民亦皆以儒士得道定百二十歲故在青城山中採藥人有見之者讀易尚不輟也此則負天姿喜讀書而為修煉之説以自奇者世以其蹤跡非常遂以神仙詫異之豈真有飛昇騰舉之術哉雖然當此多故之時人如駭鳥驚魚棲身無地

使有安土如桃源老人村者而托足焉理亂不聞而得以苟全其性命此即陸地神仙矣況以多壽之年優游林壑者歟吾願世之言仙者皆作此想毋為怪民如左慈于吉之流應以左道伏誅也

世說王子敬病篤道家上章應首過問子敬由來有何同異得失子敬云不覺有餘事惟憶與郗家離婚王敬美云此得入德行者見子敬生平無隱慝耳余謂子敬不如劉真長遠甚真長在郡臨終綿惙聞閣下祠神鼓

舜正色曰莫得淫祠外請殺車中牛祭神真長答曰某之禱久矣勿復為煩如此方是士君子識力若子敬非不自隱惟過信鬼神之説不敢不言耳然首過止此則其為人可知以入德行未可盡非也

文徵仲先生以布衣徵入史局同事諸公皆以其不由科目濫竽木天而嗤笑之乃江陵之敗家奴箧中無非翰林諸公題贈詩扇者而先生處劉瑾宸濠之際超然遠引二氏籍没求其片紙隻字不可得以視翰苑諸公

相去何如哉但以一時之遇為得意而不計其行與品不幾為腐鼠之嚇也夫

仕途之難惟縣令為甚不難於剖繁理劇而難於承事上官昔杜祁公有門生為令者公戒之曰子之材品一縣令不足施然切當韜晦毋露圭角毀方瓦合求合於中可也不然無益於事徒取禍耳門生曰公平生以直諒忠信取重於天下今反誨某以此何也公曰衍歷任多年上為帝王所知次為朝野所信故得以申其志今

子為縣令倦舒休戚係之長吏夫良二千石者固不易得若不相知子烏得以申其志徒取禍耳非欲子毀方瓦合求合於中也余黍鳳令五年謬為上臺所知以此自恃乃欲稍申所志而厲聲色於藩臺之走隸冊遅之譏遂蘊於此倘得罪於長吏其取禍又當何如耶祁公所示真歷盡仕途中險惡之語然所謂毀方瓦合者貴合於中耳若盡屈強項吏而為繞指柔亦非公告誡之旨矣

文士驅筆縱横而膽氣不副遂以毛錐安用為兜鍪所輕東魏高歡將出兵拒西魏行臺郎中杜弼請先除内賊歡問内賊為誰弼曰諸勳貴掠奪百姓者是也歡不應使軍士皆張弓注矢挼矟夾道羅列命弼冒出其閒弼戰慄流汗歡乃徐諭之曰矢雖注不射刀雖舉不擊矟雖挼不刺爾猶亡魂失膽諸勳貴人身犯鋒鏑百死一生雖或貪鄙所取者大豈可同之常人也弼乃頓首謝不及挼史弼常為歡作檄移梁淋漓伉爽辭意並工

歷數梁室禍敗如其所料讀者聳聽夫既張膽陳言當鼎鑊不避復何所憚而至於亡魂失膽戰慄流汗乎此言一出豪貴闇之勢将益肆是弼助之燄而使滋毒於民也悲夫

詩之惡讒人也曰如鬼余以為人比於鬼尤甚也夫使世果有鬼焉其為物也天定之矣彼雖欲不為鬼焉而不得也猶之蛇與蝎然天與之毒彼雖欲不螫人而亦不得也若夫人天之所賦者仁義禮智其性也君臣父

子兄弟夫婦朋友其倫也禮樂詩書其文也衣冠劍佩其儀也一旦而如鬼焉是天命之以人而彼乃自變而為鬼也其罪加於真鬼一等矣魏徵有言若人漸澆詭不復反朴今當為鬼為魅然而史籍所載為鬼魅者正復不少使若而人并其形而亦變焉可以知其為鬼而避之矣乃五官四體猶人也聲音笑貌猶人也甚而文章議論猶人也猶然人而實則鬼人又烏得而知之而又烏得而避之甚矣天下惟人而鬼者為不可測也

鬼神二字世人不解誤為妖邪幻異之物在兒童婦女市井村落中人猶不足怪乃讀書學道號為正人君子者亦復如是不知何故中庸不云乎鬼神之為德其盛矣乎程子曰鬼神天地之功用而造化之迹也張子曰鬼神者二氣之良能也朱子曰以二氣言則鬼者陰之靈也神者陽之靈也以一氣言則至而伸者為神反而歸者為鬼其實一而已易曰精氣為物游魂為變是故知鬼神之情狀本義云陰精陽氣聚而成物神之伸也

魂游魄降散而為變鬼之歸也陳紫芝曰天命无妄之理聚於人心者有情有性散於天地者為鬼為神性情者人心之鬼神也鬼神者天地之性情也鬼神之義略盡於此可謂深切著明矣而人皆夢夢何也然則孔子所謂敬而遠之者非歟曰孔子敬而遠者謂所當祭之鬼神即天子之天地諸侯之社稷大夫之五祀士之先庶人之寢是也而今之謂鬼者判官獄卒木客山魈之類非孔子之所謂鬼也今之謂神者天尊大王將軍夫

人之類非孔子之所謂神也蓋巫覡僧道禳災懺過等事初不見於有道之時至於衰世而始盛大約不善之人多而畏禍之心急故惟求庇於彼之所謂鬼神者而跪之拜之耳噫嘻使鬼神果如人所謂而又可市以顛倒其福善禍淫之柄則天且譴而責之不能自保矣又何暇徇人之情以相庇護哉此蓋必無之理而倡於惑世誣民者之所為有心世道者當進而希孟夫子反經之意可也余素持無鬼之論而詈人之為鬼是復有鬼

矣不可以不辨

士君子身價之重輕有不係於科名者韓退之三子綰袞皆擢第袞為狀元退之名若泰山北斗而狀元袞當時及後世皆無稱焉至於祖止以一字之差傳之至今人猶齒冷然則克家之子固有在此而不在彼者哉

孟輔明嗜學行輒載書隨所坐之處不過容膝四面卷軸盈滿時人謂之書窟柳公綽自舉進士至方面嘗抄書不輟九經三史一抄南北史再抄

欽定四庫全書

卷一

雙橋隨筆卷一

雙橋隨筆卷二

鳳縣知縣周名撰

雙橋隨筆二 三十九則

宋趙子固不樂仕進隱居州之廣陳鎮時載以一舟舟中琴書尊杓畢具往往泊蓼汀葦崖看夕陽賦曉月為事嘗到縣縣令宣城梅黻到船謁公公飛棹而去梅佇立岸上言曰昔人所謂名可聞而身不可見殆謂先生

與

王匡劉均合兵十五萬擊鄧禹禹軍不利諸将皆勸禹夜去明日匡等以六甲窮日不出禹因得以治軍勒衆明旦匡悉軍出攻禹遂為禹所破皆棄軍走禹遂定河東

田單使人每食必祭以致烏鳶又故為神師以事之皆近兒戲無益於事蓋先以疑似置齊人心中則夜見火牛足以駭動取一時之勝此其本意也世之巫覡假神

鬼以欺愚人者皆然使火牛之算無人道破必皆以為神兵助陣矣昔王凝之守郡甚信張天師道敵至但閉門不出謂自有陰兵可以擊賊而不設備遂遇害殷仲堪信天師道禱請鬼神不吝財賄好為小惠以悅人而短於鑒略鄭城之奔為桓玄將馬該所殺隋麴稜守冀州其壻崔履行自言有奇術可使攻者自敗稜信之履行命守城者皆坐毋得妄鬬曰雖賊登城爾曹弗怖吾將使賊自縛於是為壇夜設章醮然後自衣衰經杖行

登北樓慟哭又令婦女升屋四向振裙䝉建德攻之急稜將戰履行固止之俄而城陷履行哭猶未已唐越王貞起兵豫州武后命麴崇裕攻之貞使道士及僧誦經以求事成左右及戰士皆帶避兵符已而兵潰及其妻皆自殺慕容彥超據兖州周主攻之先是術者紿彥超云鎮星行至角亢兖州之分其下有福乃立祠而禱之彥超貪吝人無闘志將卒多出降官軍克城彥超方禱鎮星祠力戰不勝乃焚祠赴井死五代馬希廣信巫覡

及僧語為其兄希䇶所攻乃塑鬼於江上舉手以却希䇶兵又作犬像於高樓手指水西怒目視之兵敗被執臨刑猶誦佛書癡人之可笑如此

武人斷事明白痛快有出於文吏之上者安重榮為成德節度有夫婦訟其子不孝者重榮拔劍授其父使自殺之其父泣不忍其母從旁詬夫奪劍而逐其子問之乃繼母也重榮為叱其母出而從後射殺之文吏執筆而斷豈能如此直截可謂長鎗大戟安用毛錐

雞豬魚蒜逢着便喫生老死病時至即行此達者居易俟命之言所謂素位而行不願乎外也世人吉凶禍福横於胸中而星相卜祝堪輿陰陽諸家遂巧為之説以懸之已有方寸是非可否不能自决而委其柄於摇唇鼓舌談天説地之人何其不明於理也如諏日一端更為瑣瑣事無大小非吉不行焉蘇州徐檢菴侍郎老而無子晚年一妾懷孕臨蓐欲産徐預使日者推一吉時以其尚早勸令忍勿生逾時子母俱斃王莽敗張竦客

睢陽知有賊當去會反支日不去因為賊所殺二事皆可笑騃癡者當以為鑒

孫莘老以文字問歐陽公公曰無他惟勤讀書而多為之自工世人患作文字少又懶讀書每一篇出即求過人如此少有至者疵病不必待人指摘多作自能見之東坡謂公以嘗試者告人故尤有味然則世之學為文字者可不書公此語朝夕誦味之哉

文有似乎滑稽而於人倫日用之閒大有裨益者義山

雜纂是也中如教子教女須貧必富有智能失本體數則堪與家訓並垂其他雖略近於謔而可以玩世可以醒世可以警世可以喻世所謂嬉笑怒罵皆成文章也余謂義山詩人耳而不知其透徹世故人情乃能如是至於王君玉之雜纂續蘇子瞻之二續黄允文之三續慧心巧舌愈出愈奇然但可謂風流雅謔而於堂堂正正處似遜一籌

明嘉靖大禮之役張羅峰議論實有當於天理人情而

不可易諸賢群起而攻之義雖嚴而情未合而又過於激毋怪乎世廟之震怒而眷注羅峰遂邀爰立之典也其後何淵請立世室崇祀皇考於太廟羅峰力辨其非其心事可以白於天下後世矣其他則奉祀孔子之禮易王號而稱先師改塑像而為木主尤為卓絕上下數千年誰能見及此者又不可謂非相業之光也王元美先生云公博洽典籍所撰對班班可據其所以合非偶然也天下迫於議禮而口非公者什之九公貴而刺之

者什之九久而稱公是非公者半公没而思之者更什九矣

有人雖黄黄九烟於海昌張先生之前曰此公無所不佳但微嫌其傲耳先生曰渠豈但傲更有一大病痛在其人憮然改容急叩之先生徐應曰無他渠病痛在不做官耳任渠傴僂罄折人祇以為傲耳其人始憮然而退嗟乎世態炎涼數言道破然悠悠此輩正須白眼視之耳即待之以傲又何足怪

孝經可以止訟兼可愈疾昔王漸作孝經義成五十卷事亦該備而漸性鄙朴凡鄉里有鬬訟漸即詣門誦義一卷反為慚謝後有病者漸即請來誦書尋亦得愈有謂但誦孝經而賊自退者雖迂腐可笑然地義天經變薄俗而起沉痾未為不可君子亦論其理而已矣

見怪不怪其怪自壞此語極得夫子不語怪之旨唐魏元忠未達時一婢出汲方還見老猿於廚下看火婢驚白之元忠徐曰猿愍我無人為我執爨甚善又嘗呼蒼

頭未應狗代呼之又曰此孝順狗也乃能代我勞嘗獨立有群鼠拱手立其前又曰鼠飢就我求食乃令食之夜中鵂鶹鳴其屋端家人將彈之又止之曰鵂鶹晝不見物故夜飛此天地所育所至之處即遭彈射又將何所之其後遂絶無怪韋斌聞鴞鳴而流涕李泌笑曰若以好音聽之便不足傷請飲酒不聞鴞音者浮以大白斌遂終夕不厭明張莊簡公悅元旦拜竈有家犬坐於竈上衆大詫公具官服拜竈如故未幾犬下竈遂死衆

又詫公又如故此數公者雖使墮入羅刹鬼國三頭六臂之形獰猙滿眼亦不過有限伎倆況區區鼠竊狗偷之類哉長公喜聽人說鬼辭以不能則曰姑妄言之然則言怪者大約是妄耳吾有无妄之理存於中邪不勝正不待禳祛而自滅矣又何足畏

明嘉靖間倭亂江南崑山夏生為倭所獲自稱能詩倭將以竹輿乘之令從行日與倡和竟免害久之夏生乞歸厚贈而返此倭將又非毆王轂者可比既知詩能倡

和又有厚贈善作詩者豈盡無益然為夏生者應說倭將諷其主悔禍斂軍入貢庶不負此番相遇

葉石林每夜必延諸子女兒婦列坐說春秋聽者不悅翁又請余謂與家人言理不如說孝經小學大學論語曲禮内則諸書深切著明人人易曉或不以公為厭耳雖然詞義之明白切近未有如今之十六諭解者乃朔望宣讀時有同矍相之圃揚觶之後與者寥寥如聽古樂而惟恐卧奈何哉

趙韓王為樞密盧多遜為翰林學士一日偶同奏事上初改元乾德因言此號從古未有韓王從旁稱贊盧曰此偽蜀時號也帝大驚遽令檢史視之果然遂怒以筆抹韓王面曰汝爭得如他多遜韓王經宿不敢洗面翌日奏對帝方命洗去韓王自謂以半部論語佐帝治天下太祖已誤陛下豈容再誤之語豈亦論語中學來者耶不能佐主齊其家而謂能治天下乎韓王原是花臉一筆之抹為之添粧耳雖命洗去然萬世而下終須障

以褚淵之扇羞面見人

文人之筆有離經畔道而啟人以誕妄邪淫之習者如女仙劍俠述異搜神靈鬼暌車北里平康比紅兒小名錄之類是也唐李圖史補序云言報應叙鬼神述夢卜近帷箔悉去之記事實探物理辨疑惑示勸戒採風俗助談笑則書之陳眉公云著書上者羽翼聖道次者磨礱身心又次者陶汰俗氣又次者資輔聰明又次者摩挲歲月有心撰述者當以二公為法即太平廣記艷異

等書尚應多削以付祖龍況於連篇累牘其害人心術尤在風雲月露之上者哉王鳳洲贈人艷異編晚年令人於各處索還亦是善於改過處

宋真宗東封之謬王旦不能諫止且為帝謀以朱能所獻天書令寇準上之準依違其間復名入相將發之日門生有勸準者曰公若至河陽稱疾堅求外補此為上策倘入見即發乾祐天書詐妄之事此為次也最下則再入中書為宰相耳準不能從遂為丁謂曹利用所擠

成晚節之瑕此不學無術所以取譏當世而旦之披緇剃髮亦不足以洗景靈宫使之羞也

宋李全之亂置帥不得其人如許國徐晞稷劉琸姚沖等皆齷齪庸流一籌莫展使賊弄之股掌之上狡詐百出塗炭生靈及用趙湘善趙葵趙范岳珂等遣將用兵始有次第新塘一戰遂辟全尸二十年梨花鎗不能撐拄至於賊黨請降朝論不可范曰若明諭朝旨愈堅賊心不如陽許以誤之我自為必討之計乃諭賊以朝廷

已許納降但令安撫交過北軍賊等報謝許獻玉帶犒軍黃金四千兩范曰我欲款賊賊更來款我乎賊等自知降亦不免始送款於金至是金遣使來言曰此賊不降能為兩國患請與大國夾攻之各勿受降范怪其來無故而難於陰絶遣使報之六月大戰於河西三砦賊大敗賊先遣妻孥過淮軍爭欲往斬之不能禁反有起殺頭目者復大戰淮安遂平得探報云宋師一日不攻城淮安即為金有矣當全之伏誅也露布以聞帝驚喜

太后以手加額而史相彌遠猶以小寇就平止人入賀嗟乎彌遠當朝誤任將帥幾削宋祚豈止淮陽乃喪師辱國不以為羞而妬功嫉能心猶未死若非范等機權不失調度有方蜂目鋭頭助以妖婦彊埸之事將有不可言者師中大任安危勝負豈不以人哉

蘇子由晉論云劉聰石勒王敦祖約此其奸詐雄武亦一世之豪也譬如山林之人生於草木之間大風烈日之所咻雪霜飢饉之所勞苦其筋力骨節之所嘗試者

亦已至矣而使王衍王導之倫清談而當其衝此譬如千金之家居於高堂之上食肉飲酒不習寒暑之勞而欲以之捍禦山林之勇夫而求其成功此固奸雄之所樂攻而無難者也時至承平任事之人久於酖毒一旦多故而欲使肩宏任鉅其優游敗事未有切於子由所論者此經略中原所以必屬之陶士行祖士稚諸公茍非其人正須束之高閣耳

李世民追宋金剛於鼠雀谷一日八戰皆破之俘斬數

萬人世民不食二日不解甲三日矣軍中止有一羊與軍士分食之為將如此那得不勝

友人嘗言吾鄉一先輩苦學人也而性頗迂有盜穴而入其室發袖中焠室有光其僕亂喊呼有賊則亟止之曰謹閉爾口此魁星下視我故文光閃爍耳主僕遂如瘖而聽盜之所為乍明起將市香楮以謝神顧則室盡空矣至今相傳以為笑余撫掌曰今日乃疑天禄閣老人得毋為梁上君子友人亦大噱

世傳楊椒山先生喜鴉而惡鵲以為鵲報喜近於諛不如鴉之示人以禍為甚直也余以為不然盖天之生人與物賦形有定鳥鳴之有異猶人聲音之有南北清濁重輕也鵲聲清故人聞而好鴉聲濁故人聞而惡好之甚而至於喜則以為福之兆也惡之甚而至於懼則以為禍之兆也人心自以喜懼為禍福與鴉鵲之鳴何與哉先生惡鵲而喜鴉是以鴉與鵲果能示人以禍福也必無此事大凡拘忌之人疑而多畏故事無大小必擇

時日語言文字之稍涉不祥者眼不敢見耳不敢聞門牆籬壁之間必有迎祥戩穀福禄等字若此者謂可以致福耳聞之易曰積善之家必有餘慶積不善之家必有餘殃書曰作善降之百祥作不善降之百殃未聞終日稱祥説瑞揀歴占時可以彌災集慶者也余一生不信陰陽毫無忌諱事至即行未嘗擇日多有相笑以為過於矯者余亦株守如故焉

丹徒靳文僖貴之繼夫人年未三十而寡有司為之奏

請旌典事下禮部而儀曹郎與靳有姻因力為之地禮部尚書吳山曰凡義夫節婦孝子順孫諸旌典為匹夫匹婦發潛德之光以風世耳若士大夫何人不當為節義孝順者靳夫人既生受殊封柰何與匹夫爭寵靈乎會赴直入西苑與大學士徐階遇階亦以為言山正色曰相公亦慮閣老夫人再醮耶階語塞而止馮猶龍曰今日孝順節義諸旌典只有士大夫之家可隨求隨得其次則富家猶閒可力營致之匹夫匹婦絕望矣若存

吴宗伯之說使士大夫還而自思所以求旌異其親者反以薄待其親庶乎干進之路稍絕而富家營求之餘或可波及单賤世風稍有振乎

王梅溪見人禮塔呼而告之曰汝有在家佛何不供奉所稱在家佛者謂父母耳哀哀父母生我劬勞欲報深恩昊天罔極今之為子者問安視膳之儀未嘗少念而歡呼狎暱敬而畏之者酒肉朋友衾裯夫婦與夫黃冠緇衣妄言禍福者也有子若是父母凄涼甚矣而况尚

有甚於此焉者安得人人而告之曰汝今子也尋亦為人父母矣即以其人之道還治其人之身汝心必恨然則己所勿欲勿施於人奈何施於吾之父母哉

伯俞受父杖而泣父怪之曰往日杖汝未嘗泣今泣何也俞曰往日兒受杖必痛今不甚痛知吾父筋力漸衰是以泣耳嗟乎今有子甘心受杖反以不痛而悲其親之無力者乎

東坡云王彭嘗曰塗巷中小兒薄劣其家所厭苦輒與

錢令聚坐聽講古話至說三國事聞劉玄德敗顰蹙有出涕者聞曹操敗即甚喜以是知君子小人之澤百世不斬云云盖好善惡惡人之至性而小兒猶在未彫未琢之時觸處皆現每見其觀劇未有不快姧邪之受戮而惟恐孝子忠臣貞媛義士之不得其生者春秋滿腹發於自然鬚眉男子有靦面目而違其本性以滅好惡之公對此小兒能不增愧

王龜齡魁天下以書報其弟夢齡昌齡曰今日唱名蒙

恩賜進士及第惜二親不見痛不可言嫂及聞詩聞禮可以此示之詩禮其子也於十數字中上念二親而不以科名為喜特報二弟而不以妻子為先孝友之意具見於此而章孝標孟郊輩得第至有時人洗眼春風得意之句王沂公狀元及第或誇之以為一生喫着不盡沂公曰平生志不在溫飽而宋祁於上元夜點華燈擁歌妓醉飲達旦兄郊令人云相公寄語學士聞昨夜燒燈夜宴窮極奢侈不知記得那年上元同在州學喫齋

煮飯否答曰寄語相公不知那年在州學喫齋煮飯為甚麼人之器量高下不同如此

此王謝家物汝輩不須捉此此言極中紈袴子弟習於閒放之病盖堂前舊燕非不戀巢常為烏衣巷中人揮麈尾逐去耳牧豬奴戲毋怪運甓翁盡投於水使竹頭木屑皆有用處也

唐後主有看經發願文自稱蓮峰居士宋師攻金陵倉皇中作一疏禱於釋氏願兵退之後許造佛像若干身

菩薩若干身齋僧若干萬員建宇殿若干所其數甚多梁武帝捨身奉佛當索水惟曰荷荷時無佛來救後主讀書多豈未之見耶癡獃若此不亡何待

節祠張南軒謂黷而不敬朱子答南軒書云今之俗節古所無有故古人雖不祭而情亦自安今人既以此為重至於是曰必具殽羞相宴樂而其節物亦各有宜故世俗之情至於此日不能不思其祖考而復以其物享之雖非禮之正然亦人情之不能已者但不當專用此

而廢四時之祭耳夫三王制禮因革不同皆合乎風氣之宜而不違乎義理之正正使聖人復起其於今日之義亦必有取矣愚意時祭之外各因鄉俗之舊以其所尚之時所用之物奉以大盤陳於廟中而以告朔之禮奠焉則庶合乎隆殺之節而盡乎委曲之情可行於久遠至於元日履端之祭禮亦無文今亦只用此例時祭用分至則冬至二祭相仍亦近煩瀆改用卜日之制尤見聽命於神不敢自專之意

俗節之祭非古禮然漢唐以來士庶不能廢朱子謂韓魏公處得好謂之節祀殺於正祭遂依而行之其門人記朔旦家廟用酒菓望日用茶重午中元九日之類皆名俗節大祭時每位用四味請出木主俗節小祭只就家廟止二味朔旦及俗節酒止一上斟一杯晦菴所謂依韓魏公而行之者大約是此類歟南軒欲廢俗節之祭晦菴問子端午能不食粽乎重陽能不飲茱萸酒乎不祭而自享於汝安乎陳淳問行時祭則俗節如何曰

某家且兩存之問莫簡於時祭否曰是安得不行須是自家亦不飲酒始得此晦菴不敢死其親之心也他日淳問先生除夜有祭否曰無祭惟令人逢歲除宗族咸來宴會或當房妻子上壽為樂其鄰里親識亦預有餽獻之儀而祖先乃寂寂焉其心亦烏能自安乎淳嘗記先生依婺源舊俗歲暮二十六日烹豕一祭家先就中堂三鼓行禮次日名諸生餕焉又記先生以歲前二十六日夜祭先生云是家間從來如此則晦菴於歲除無

祭除夜豈得獨不飲酒不為樂哉殆前此曽有祭故耳我

國朝亦於歳除行祫祀禮今士庶家固不應無除夜祭也

世俗侈於淫祀以凟神可謂極矣而為祖宗起見者固甚少也石節祀俗祭二議皆合乎天理當於人情録之使知昔賢之所尚者孝子慈孫之意世之妄凟上下鬼神而其心在於邀福而求庇其不為神之所吐者鮮矣

明洪武二十四年命禮部清理釋道二教勅曰今之學佛者曰禪曰講法曰瑜珈學道者曰正一曰全真皆不循本俗違教敗行為害甚大自今天下僧道凡各府州縣寺觀雖多但存其寛大可容衆者一所併居毋雜處於外與民相混違者治以重罪親故相隱者流願還俗者聽其佛經翻譯已定不許增減詞語道士設醮亦不許拜奏音詞各遵頒降科儀民有效瑜珈稱善友假張真人名私造符籙者皆治以重罪天下僧道有創立菴堂

寺觀非舊額者悉毀之二十七年榜示天下寺觀凡歸併大寺設砧基道人一人以主差稅每寺觀道士編成班次一年高者率領除僧道俱不許奔走於外及交搆有司以書冊稱為題疏强求人財其一二人於崇山深谷修禪及學全真者聽三四人不許毋得私創庵堂若遊方問道必自備路費毋索取於民所至僧寺必揭周知冊驗實不同者拏送有司民間充軍不許收留為僧違者并兒童父母皆坐以罪年二十以下願為僧者亦

須父母具告有司具奏方許三年後赴京考試通經典者始給度牒不通者杖為民有稱白蓮靈寶火居及僧道不務祖風妄為議論沮令者皆治重罪永樂六年令軍民子弟僮奴自削髮為僧者并其父兄送京師發山做工畢曰就留為民種田及盧龍牧馬寺僧擅留容者罪亦如之十年又以僧道多不守戒律諭禮部將洪武年中嚴禁揭榜申明違者殺不赦十六年定天下僧道府不過四十人州不過三十人縣不過二十人宣德八

年令天下有司關津但遇削髮之人捕送原籍治罪如律成化十三年又禁約遊方僧人凡持道住持勑建寺觀許二人勑賜併在外寺觀各止許一人弘治十三年令凡漢人出家習學番教不拘軍民曽否關給度牒俱問發原籍各該軍衛有司當差若漢人冐作番人者發邊衛充軍此餘冬序録中所載明初之制以處釋道二教者其立法最善併録於此

明楊文貞公遺囑吾在世已久踰越分願無所遺憾但

官品崇重國恩未報雖死不能瞑目身後數事須示子孫此吾之治命其遵行之不可違也一只用幅巾深衣殮須用絞衾庶幾少輕經過闌壩可得穩當一吾平生不曾用過僧道死後亦勿用只依家禮祭祀祭物隨時所有不必豐但設我平日所用冠帶袍服於中行禮祭告之文亦用家禮不用新作一凡今喪家遇親朋來弔者皆散孝此是北方風俗南方素無此禮古禮亦無蓋弔是常禮孝是凶物豈可進凶物請他人為已持孝大

非禮吾死後切不可行或有縉紳大夫來弔待賔者明謝以非禮不敢褻瀆實非慢也一吾久病數數累公卿大夫垂問感愧甚矣今不能報煩院中一僚友干涗少保先生冢宰相公三大夫遍叩列位公卿大人一切遺祭遺賻並止不行至叩至叩同院僚友鄉里親交及歸途有相知者欲行祭賻皆謝却之此吾之中懇非矯情也力辭力辭一作急作書託徐尚書大人倘有馳驛上廣東者寄去報道令急急作墳楮原龍川隨擇一處乾

燥平穩無凶禍者便選日興工切不可求子孫利達如此然後易成盖要利達須力學修德不在風水也磚石灰務要堅固於外只作一大饅頭必須省費不可吝慳庶得早完若延緩稍遲必累煩鄉里重吾過矣一柩到家可且安置於學後正廳即擇日葬不可久停盖死者復土則安矣一啓行回去凡書籍文字並須逐一收拾包裹愛護舟中尤須謹避雨水漏濕片楮隻字不可損壞遺落圖畫亦然

明于忠肅公之先世有顯官至其父幼孤貧流落雖知家世之貴而不能詳所知者黃鶴山有先塋其兄弟名山壽海壽耳忠肅既長為董鏞先生壻先生藏書有元黃文獻公溍集三山大字本載湖南宣尉于九思行狀可考忠肅能知其先以得此文焉耳葉文莊以為人品家世託之名筆其效有如此盖董先生子中書舍人璵與文莊隣居閒語及云

有張巡檢者夜夢人告之曰明日有十二位佛來見汝

可善待之能為汝度先祖佑汝一生富貴遅明果有十二僧來巡檢甚喜即語以夢留欵甚厚次日請作醮以度其先祖問之曰舟中更有何人請同齋答曰只二行童留看行李不必請也巡檢密令其子至舟固請二行童告曰我非行童乃浙江天台人也父為某官考滿回鄉遇此十二和尚刼殺一家留我姊妹二人扮作行童帶來至此煩以此情懐達大人為雪此寃也其子告之巡檢密㸃弓卒約二更醮完擒僧責問取二女証之皆

服罪事見百可漫志中昔蘇長公有夢黄衣道士之事

此十二僧想亦善為其術者幸巡檢以二童起疑密令

其子問之不然必中其計矣世之僧道往往能為幻術

以欺人書之以告信邪而不信道者

明宦官尊吉在東宫口授大學中庸等書導以動作威

儀開説府部官守天下民情及宦官專權蠹國之獘一

日東宫誦佛經吉適至驚曰老伴來矣急易孝經誦之

吉詭曰得毋誦佛經乎曰非也孝經耳弘治閒太監何

文鼎以皇親入禁城觀燈諸事極言下錦衣衛雜治究所主者文鼎曰有兩人但不可執按曰姑言之曰孔子孟子也此二人者皆以閹而知誦法孔孟以輔導其主乃有名為大儒而沈溺於佛與道之説以背聖人之經者能無汗下

明司禮監秦太監者為子弟訪師得舉人佘洣初不就强而後可秦謁上坐左右驚訝既出秦喜曰此人司禮監太監也不怕况我子弟耶及就塾秦子弟皆襲錦衣

職位者而余狀貌鄙陋頗褻易之既而有惰者輒加跪責多不服余怒求去子弟輩大懼跪留乃止秦聞之嘆曰我家子弟不是這箇先生如何教得益加敬禮焉後舉進士為顯官終不屈於人今世師道日衰余嘗聞劉上於所述毘陵二師事而記之然余所授者驕貴子弟秦又一寺人也而賓主無不盡其道其事則尤難矣世之為師與延師者誰能若是

毘陵某先生致政里居延師訓二子事之甚謹晨起候

於門門啓僂而入命童掃地驅塵手爇香入爐中乃請
師出揖之坐相對啜茗一甌然後退以為常久之師謂
先生過勞殊不安請以館童代辭謝再三始從之然亦
必於書室傍數武拱立以俟視其童焚香掃地進茶滌
溺器畢乃稍前向簾内一揖而去又一某先生亦居林
下夫婦老矣僅一子掌上珠也延師訓之師頗嚴一夕
與同舍生有所適半晌而至師大恚誚讓久之將有夏
楚之儆館童馳報母夫人夫人遣婢傳語為㔹免師怫

然遂不責其子而留一刺為别竟拂衣去夫人急聞於先生跛踖無計則徧倩親朋為解不可則攜其子隨兩人負荆以請願受責不可則夫婦皆跪於堂上必面師然後起於是所倩姻若友者相與讓曰君以師道自尊固當然奈何苦兩老人若是膝且腫矣師乃趨出掖兩人起登坐謝罪而後言曰某豈不知為已甚哉顧今日師道陵遲甚矣某所以為此將以愧夫依阿軟美而據人之臯比者某終不可以再往然有某君者耿介方嚴

君子也請以自代某得籍手以全在三之體幸甚敢固以辭於是先生夫婦暨其子知師意已决不可强則淚浹於睡久之言别猶逡巡不忍行也葯房主人曰記有之凡學之道嚴師為難師嚴然後道尊道尊然後民知敬學在三之義師居其一君之所不臣者二當其為師則勿臣也師之尊也如是時至末流而人之所以待師與師之所以自待有不可言者矣兩先生事聞之余友劉上於惜不記其姓氏然上于曾道兩家師弟皆相繼

登第去毘陵科名甲海内觀其所以尊師若是則蟬聯鵲起之奇豈倖獲哉盖吾有子弟不可以無師有師矣不知敬且重之而師亦安焉師若此不如無師之為愈而亦不如不必延師之為愈也余慕兩先生風範欲效而未能聊為述之俾觀者有所取則焉

明洪武四年太祖於被問管勾字文桂囊中得所藏書信百封内有嘉興登科舉人王軫父家書倩其轉達平涼任所者帝閲其書語言真切教以忠孝遂下詔略云

薄俗中有善於為人父者如此誰能出其右者勸善懲惡移風易俗實有國之善治令中書遣人齎詔諭往詣其家賜以白金百兩附子五枚川椒五斤絹十匹以旌其賢令有司除本戶雜役依舊應當里長其弓兵不須再役軫父具表稱謝其詔文謝表家書備載水東日記中今僅録其家書略云家中上下俱無事倘欲挈家須在彼稍安詳度可否然後來取恐川途迢遞或遷轉不常跋涉勞頓我今稀年又一老景侵尋倘若朝廷容侍

親則上章求歸父子相見以盡餘年若宛轉仕途則相見無日矣人說有分俸之例不審果否如得分禄以養亦足為榮若彼處闕支則不必也凡事須清心潔己以廉自守食貧處儉儒者之常慎勿以富貴為念古人云貧乏不能存此是好消息正當以此言為受用也治民以仁慈為心報國以忠勤為本處己當以謙敬學業更須勤力暇日即以性理之書及諸經留玩自然所思無邪更須熟讀新律自然守法不惑飲酒當以康節先生

為範不可縱恣分倖之事律許則行否則不可干其紀也此後倘有的便可買附子一二枚川椒一二斤起稅而來餘物非所覬也云云

雙橋隨筆卷二

雙橋隨筆卷三

鳳縣知縣周名撰

雙橋隨筆三 五十則

張宗緒戒子書窮通有命讀書未必得功名不讀書則流為市儈矣手目甚嚴力行未必到聖賢不力行則趨入禽犢矣吾行後兒輩當時時痛省刻刻提撕念念追憶箕裘步步不忘父母謝絕無益之事屏去損我之友

嬉遊笑謔鬬葉呼盧凡世人以為快意陶情者當相戒如寇盜水火之不可近庶幾挽回天造感動鬼神父母兄弟歡喜完聚或未可知不然痛哭飄零不知底止不堪回想再不然而傷心風木悲嘆羔烏亦復何及也柳靖公與弟書略我因功名淹蹇致有怔忡之症有時而劇則神魂俱失然究不敢自暇自逸者懼無以慰先人之志而墮厥業也今汝年少無病不務家人生產惟從事於酒盞楸枰不知此皆豪華之公子山林之散人所

以優游而永日者豈吾輩所宜哉虛擲歲月得罪於天
弗肯播穫得罪於父勉之勉之程修來諭姪書云姪艱
辛不似我輩而所遇亦同當思何以克紹先人計謀自
立惟多讀書通大義儘屬輕車否則輦牵車牛昔人不
廢要須粗涉典故庶不至猳狙周公體晦公不自棄之
人遵平仲急治生之意云云三公訓詞甚切為子弟者
宜以書紳況當亂離之後陵谷變遷不知何等保身克
家之計當有百倍於此者尤在觸類引伸形諸夢寐庶

幾可企生全於萬一耳

讀書不獨變人氣質且能養人精神盖理義收攝故也

靜坐然後知平日之氣浮守默然後知平日之言躁省

事然後知平日之費多閉戸然後知平日之交濫近情

然後知平日之念刻富貴人宜勸他寛聰明人宜勸他

厚待富貴人不難於有禮而難於有體待貧賤人不難

於有恩而又難於有禮以上數則皆眉公語也字字藥

石拈出以為座右之銘

孝子褒城縣人以其家甚窶而所業卑既不自稱於人人亦少稱之者故姓與氏無傳焉今稱孝子則據其行而名之實無忝云孝子居褒之宗家營以善築為業為人謹樸自守凡里中之為伍伯騶儈氣滈而習不端者遇之輒引避不與交片語諸人視之蔑如也而孝子亦復岸然自得未嘗以卑賤迎人無昆季及室獨有母老矣僦斗室容膝奉母其中風雨晦明之際依依左右不少離惟受人直而傭勢宜往亦必負母以行至則與主

人約但受已餐分其半飼母而別懷粔籹餦餭之屬以啖之主人弗慳者稍增其糜然孝子甚努力不偷用意沉着細而謹計其所就常浮於他工故人多喜其傭雖有母在傍勿厭也褒有修棧之役每歲必興孝子與焉孝子應自食與母居兩地殊苦則又負母以來行視地高燥而叢篠蔽其上者架棚居焉是時無主人之督得自便孝子則益市醇酒蔬脯暨餈飴之類可以養老者置巖竇中日旰工休輒班判掖母坐而出所市者羅於

前酹酒盈卮跪而壽母母顏未展則以扇代板執竿而舞搖手蹀足為傀儡狀宛轉而唱其俗所尚藍關調者以娛之母見孝子之跳踉嚏嘖有如嬰兒嬉戲時遂為噴飯當是時旁觀者皆笑之而孝子亦復岸然自得也嗟乎已不能孝而笑人之盡其孝夫獨非人子乎哉余以赴郡過褒斜口遙聞歌聲徹林外駐馬聽之問而知為孝子也淚涔涔下馬蓋余幸邀捧檄之榮而蕞爾殘疆有官無俸不獲迎養二十歲守孤節母以少盡板輿

之歡回首倚門情狀欲如孝子一夕不可得令人寸腸欲斷也褎令為余友劉上于上于每對余異孝子事方欲覈其姓名傳之并旌其閭未幾上于謝事去而余亦鐫級歸矣孝子事恐遂無聞者因為作傳而其人之始終未悉以俟後人嗟乎世之抱至性砥行立德於人所不知之地而湮沒不傳者又豈獨一孝子也哉野史氏曰父母之愛其子有不欲其富貴而反欲其貧賤者哉乃妻子備而孝已衰至於陟高官擁厚貲廣廈曲房邀

朋曬寵而寢門膝下愈少問安視膳之踪矣若孝子一窶人耳何孝思之曲盡也懇至纏綿篤於至性孝子而在余雖為之執鞭猶顙泚焉

余既為褒城孝子作傳因憶亡友余孔林曾述明萬歷間某甲事甚異遂并記之甲邑之南鄙柴埠人性麤狠常毆其母母吞聲不敢校惟伺其出也呼天而號甲歸輒止一日甲返而母不知號如故甲以為詈已大怒瞪目而詬曰嫗乃詈我應送若水中飼魚鱉耳言未竟即

擠母出戶外挾之而奔及岸將投諸河母怖甚搏顙祈免不聽時方晝天宇澄徹無纖雲而日遽冥大風四起雷電交作沙礫擊人面瞥見火光中捽一人散髮裸形繞樹數匝而後擲下當是時人人惴恐皆伏地不敢仰視不知其為甲也俄而天霽甲母心悸既殞而甦掙地呼甲不得舉頭見木杪甲尸在焉燋頭爛額血肉淋漓乃知已為迅雷擊死矣噫嘻快哉以人子而欲溺其母此人中之梟獍罪不容誅者也而王法未加焉則世之

敢逆其親而悍然不顧者復何所憚覰甲之事人心亦可以寒矣雖然五刑之罪固莫大於不孝而不忠不孝如蠆如狼縱其身爲禽獸行者蓋不少也安得盡借雷霆之威大索十日以儆其餘也哉

天下無不是的父母人生最難得者兄弟家庭之間此二語宜時時在念而尤以善處婦人爲急蓋婦人之賢者甚少其性愚而偏拗而不知理須調劑之而不致稍開骨肉之舋隙則竇家之桂常妍而田氏之荆不悴矣至

於五倫之内惟兄與弟共處最長相好無尤尤為至樂

昔吐谷渾有子二十人疾病命諸子各獻一箭取一箭授其弟慕容利延使折之利延折之又取十九箭使折之利延不能折阿柴諭之曰汝曹亦知之乎孤則易折衆則難摧戮力同心社稷可固言畢而卒袁紹使人招張繡繡欲許之賈詡於繡坐上謂紹使曰歸謝袁本初兄弟不能相容而能容天下士乎紹二子譚尚治兵相攻王修謂譚曰兄弟者手足也譬人將鬬而斷其右臂

曰我必勝可乎二子不從卒為曹操所滅二事前車也人可不思何柴之言而乃蹈袁氏之覆轍乎哉

劉宋郭世通家貧傭力以養繼母婦生一男夫婦恐廢侍養乃垂瘞之文帝勑榜表門為孝行焉其事與郭巨同韓退之所謂不腰於市而已幸况復旌其門者也明青州日照縣民江伯兒者母病刲脇以食不愈禱於岱嶽願母病愈則殺子以祭已而母愈遂殺其三歲子祭之事聞太祖怒曰父子天倫至重禮父母為長子三年

服令百姓乃手殺其子絕滅倫理宜急捕治之遂遠伯兒杖百謫戍海南命禮部詳議旌表孝行事例子之事親居則致其敬養則致其樂有病則拜托良醫嘗進善藥至於呼天禱神此懇切之至情人子之心不容已者若卧氷割股前古所無事出後世亦是間見割肝之舉殘害爲最且如父母止有一子割股割肝或至喪生卧氷或至凍死使父母無依宗祊乏主豈不反爲大不孝乎原其所自愚昧之徒一時激發及務爲詭異之輩以

驚世駭俗希求旌表規避徭役割股不已至於割肝割肝不已至於殺子違道傷生莫此為甚自今人子遇父母病醫治弗愈無所控訴不得已而卧冰割股亦聽其為不在旌表之例詔從之明祖之議合於天理人情其立教於天下者可謂至當矣王祥後又有王延扣冰事則祥亦扣冰耳非卧也一字之悞遂為情理之所無而後人傳之以為不可信矣譽人而失之浮者其弊至此可嘆也

吾鄉野廟中多奉西楚霸王像出北門四十里而遥有項山焉山之得名與人之所以祀之者未詳所自起明崇正間忽有見王使傳語地方為之重建者不數日而助貲之家遠近輻輳進香男女踵接如蟻意稍不虔輒致神怒數其靈異不啻喑啞叱咤千人俱廢時也然一郡之人奔走若狂僅亟歲而香火寂然矣據一時共駭以為神見於巫興廟之舉果出王意不知王固葢世之雄也當烏江失道亭長艤船時雖江東足王而以父老

堪羞甘心自刭此豈藉人口吻以祈血食者哉即曰魂魄戀故鄉而大江以南通都大邑勝地名山何方蔑有皆可棲身衢地僻處東偏寂寞窮山又屬木魅山魈嘯風嘯雨之境王即無依何心至此此皆村巫野祝造為神語以誑愚人追賺錢入橐飽則思颺祇有木雕土塑之容凄然獨坐而已王如有知作俑之輩能不寒心而世之為其所誘者終不以為怪也此事之無可如何者也

宋之韓范一時並著而范之鋒稜少露於韓韓公與范公常議西事不合范公竟拂衣去韓公從後把住其手云希文事便不容商量耶和氣滿面范意亦解只此一把手間雖剛愎自用者為之柴柵盡化而況范公乎又富鄭公因濮議與公及歐陽文忠公絶後富公致政居洛每歲生日不論遠近必遣使致書幣甚恭富公但答以老病無書公之禮終不廢至薨乃已公與歐公之薨也富公皆不祭弔富公賢者而客氣未融乃爾亦不及

公遠矣

收書於未梅雨時開閣厨晾燥隨即閉門内放七里香花或樟腦不生蠹魚收畫於未梅雨時逐幅抹去蒸痕日中晒晾令燥緊捲入匣以厚紙糊匣口四圍梅後方開匣須杉木桫木為之内不用紙糊并油漆以辟黴炁

宋璟為人剛直老而彌篤𤣥宗時王毛仲有寵百官附之者輻輳毛仲嫁女上問何須毛仲頓首對曰臣萬事已備但未得客上曰張説源乾曜輩豈不可呼耶對曰

此則得之上曰知汝所不能致者一人耳必宋璟也對曰然上笑曰朕明日為汝名客明日上謂宰相曰朕奴毛仲有婚事卿等宜與諸達官悉詣其第既而日中衆客未敢舉箸待璟久之方至先執酒西向拜謝飲不盡卮遽稱腹痛而歸其守正不撓如此雖然稱病而歸在公意誠快但難為終席盡飲之客如張説源乾曜輩不成顔面耳

古之大将仁敬和厚未有如宋曹彬者位兼将相不以

等威自異遇士大夫於塗必引車避之不名下吏每白事必冠而後見知徐州時有吏犯法罪既具案逾年而後杖之人問其故曰吾聞此人新娶婦若杖之其舅姑必以新婦為不利而朝夕笞詈之吾故緩之耳所居堂闇敝壞子弟請加修葺彬曰時方寒墻壁瓦石之閒百蟲所蟄吾不欲傷害之也入成都日有獲婦女者彬閉之一第竅以度食戒左右曰是將進御當謹守衛洎事罷訪其親還之無者嫁之其性如此故其下江南也與

諸將焚香共誓克城之日不妄殺一人嗟乎均是人也而藹然仁人君子之心有如是者彼人頭羅刹鬼面夜叉則以殺人為笑樂夫上天非好生者乎何不盡殄若輩使人人得以全其生而崇禎戊辰以後叛亂相似一世之人如在刀山血海中則惟願天生好人如曹公者出司閫外之柄以活百姓而已

人有胸中未淨雖讀書而不能陶汰者與人相對不覺口吻便俗鄭康成在袁紹坐時汝南應劭亦歸於袁因

起自贊曰故泰山太守應仲遠北面稱弟子何如鄭笑曰仲尼之門考以四科回賜之徒不稱門閥應有慚色願為弟子而自炫其官此等語不可以入尋常人耳而況鄭康成乎為康成所笑固其自取乃余以為應當此際自愧失言須匿身無地而但有慚色則史稱其少便好學博覽多聞皆於性情之曠雅宏沈全無裨益風俗通一書為之減價矣

李沆為相王旦參知政事以西北用兵或至旰食旦歎

曰我輩安能坐致太平得優游無事耶沆曰少有憂勤足為警戒他日四方寧謐朝廷未必無事語云外寧必有内憂譬人有疾常在目前則知憂而治之沆死子必為相遽與和親一朝疆埸無事恐人主漸生侈心耳旦未以為然沆又日取四方水旱盜賊及不孝惡逆之事奏聞上為之變色慘然不悅旦以為細事不足煩上聽且丞相每奏不美之事拂上意沆曰人主少年當使知四方艱難常懷憂懼不然血氣方剛不留意聲色犬馬

則土木甲兵禱祀之事作矣吾老矣不及見此參政他日之憂也流沒後真宗以契丹既和西夏納款遂封岳祠汾大營宮觀蒐講墜典靡有暇日旦親見王欽若丁謂等所為欲諫則業已同之欲去則上遇之厚乃以流先識之遠嘆曰李文靖真聖人也當時遂謂之聖相焉

記人之善而過其實有反足以增後世之疑者如中興書載鄧攸棄子全姪事攸棄兒於草中兒啼鳴追之至暮復及攸明日繫兒於樹而去夫兒既能追及矣即萬

萬不能兩全任其去止可也必欲繫而死之父子亦天性也何忍至此此亦必無之事蓋譽之太過而反沒其真耳余於方正學先生郭巨埋兒論後妄意續貂意亦主此未審果與天理人情之際不相刺謬否

班昭班彪之女曹世叔之妻博學高才世叔早卒兄固著漢書其八表及天文志未及竟而卒和帝詔昭就東觀藏書閣踵而成之數名入宮令皇后諸貴人師事焉號曰大家每有貢獻異物詔大家作賦頌時漢書始出

同郡馬融伏於閣下從昭受讀昭作女誡七篇融令妻子習焉昭壻妹曹豐生亦有才思為書難之辭有可觀昭年七十餘卒皇后素服舉哀使者監護喪事所著賦頌銘誄問註哀辭書論上疏遺令凡十六篇子婦丁氏為撰集之又作大家讚焉班氏一門父子兄弟文武皆備可謂奇矣而閨中之學又復如是且其文章宏雅整贍又非雕蟲篆刻可比末流聲悅濫觴之後咏絮頌椒侈而變為吟壇酒社於古人規誡之義絕無聞焉彤管

雖輝淫哇可懼使論者遂有無才是德之嘆古今人不相及乃至於此

學者以變化氣質為先況處家庭骨肉之際乎今之子弟不能陶鎔切劘至以不堪之詞貌加於父兄而不覺此在市儈農牧者流或未足怪名為開卷把筆之人亦復如是平日讀書何用耶或曰此等習氣正坐不讀書故耳若果能則愉色婉容當自有異豈有終日與聖賢相對而久其嘉言懿行尚有粗厲之氣不能自制者哉

會稽王道子有疾沈醉世子元顯諷朝廷以已代之道子醒而後知之怒無如之何時人謂道子為東録元顯為西録西府車馬填溢東第門可羅雀

王安石與人議事未決其子雱輒披髮跣足而出放言無忌蔡攸與父京爭權至為診脉以示意未幾罷其官嚴世蕃專恣一時以事請決於其父嵩者嵩必曰可問東樓東樓世蕃號也此數人者以視王溥為相陳堯佐兄弟皆貴時父與客坐而已猶侍立其賢不肖相去何

啻霄壤哉或曰此其咎固在子也然亦豈有罪焉余曰薄乎云爾惡得無罪

王溥為相父祚家居公卿至溥朝服趨侍坐客不安祚曰豚犬耳勿煩諸公起陳堯佐兄弟三人皆貴父省華無恙賓客至堯佐暨仲季侍立坐客不安省華曰兒子輩耳

元人制作以詩詞劇曲為長張西銘先生以為博簺不足道而高文典冊有在文類中者余讀楊公奐之正統

八例總序胡公三省之新註資治通鑑序馬公貴與之文獻通考序熊公朋來之胡氏律論序鍾鼎篆韻序吴公徵之服制考詳序劉公致之太廟室次議文皆嚴潔典雅議論詳確竟可高出前代先生以為當集其解經論史者别為一書真是衡文巨眼

書宜珍惜不但擘書覆瓿裂紙糊窻萬萬不可而架上案頭尤須愛護顔之推云吾每讀聖賢之書未嘗不肅衣冠對之其故紙有五經詞義及賢達姓名不敢穢用

也司馬温公謂二子曰賈豎藏貨貝儒家惟此耳然當知寶惜今釋子老氏猶知尊敬其書豈以吾儒反不如乎趙子昂書跋云聚書藏書良非易事善觀者澄神端慮淨几焚香勿捲腦勿折角勿以爪侵字勿以唾揭幅勿以作枕勿以挾刺隨損隨修隨開隨掩後之得吾書者并奉此法古人愛書之甚叮嚀若此吾家本寒素四壁空懸惟有書數架而已黄金滿籯不如一經兒輩皆能讀書者當知此意而護持之區區卷帙非若平泉草

木之盛招人攫取而已

周易六十四卦惟謙卦六爻皆吉故曰謙尊而光夫惟尊而謙故益光耳

西漢之士多智謀薄於名義東京之士尚風節短於權畧兼之者三國名臣也而孔明巍然三代王者之佐未易以世論此坡公三國名臣贊陳明卿以為最確

不如歸去行不得也哥哥得過且過鳳凰不如我四句皆鳥音也譯前二句令人戒貪而趨榮冒險之念息譯

後二句令人知足而安分守己之情殷詞雖簡而味無窮似天假此音以喚醒世人而助敎戒之言所不逮謂之一部禽經可也彼柳下黄鸝可以為俗人針砭詩腸鼓吹者豈能及此

明太祖勤於政事每臨食匕箸屢廢思得一事即以片紙書之綴於裳衣得數事則纍纍滿身若懸鶉焉洎臨朝則一一行之夫以帝王之尊其勤若此至為士庶者惕厲憂勤而寸陰是惜又當何若顧往往玩日愒月大

聖至愚之所由分豈不以人哉

楊升菴曰漢興文章有數等蒯通隋何陸賈酈生游說之文宗戰國賈山賈誼政事之文宗管晏申韓司馬相如東方朔譎諫之文宗楚詞董仲舒匡衡劉向楊雄說理之文宗經傳李尋京房術數之文宗讖緯司馬遷記事之文宗春秋

明鄒文莊公守益久從王陽明先生遊又與羅文恭洪先唐荊川順之相資切嘗語學者曰目分黑白口辨甘

苦臭別香臭今之人有異三代乎是非在人猶黑白甘苦誣人無是非之心誣其心者也夫孩提而知愛敬入井而知惻隱嘑蹴而知羞惡豈待教而後能哉心之靈明知是知非若黒白甘苦井然不爽自慊自欺在已而已其持論如此亦切實易曉一時推重其學不虚也然性本相近習乃相逺生知以下不得不從學知困知以復其初若但言良知而置工夫於不問則未免為人所訾議耳

昔王延事母甚孝夏則扇枕冬則温布母嘗盛冬思生魚延求而不獲扣氷而哭忽有一魚躍出氷上取以進母史臣曰王延扣氷而名鱗扇枕而驅暑雖黄香孟宗抑何倫輩云云扣氷事人但知為王祥而不知王延亦有之

九經徐公為句容令多惠政積九歲始遷工部營繕司主事將治行而民强留之爭延請過舍治觴炙兒稚挽衣而泣曰公毋去我既不可留其長者曰公幸惠訓我

使我奉之如奉公九經亦揮淚曰無以訓爾曹惟勤與儉及忍耳勤則不廢儉則不侈忍則不爭保身與家之道也生平不嗜食肉惟噉菜佐脫粟嘗圖菜於堂曰古不云乎民不可有此色官不可無此味至是父老刻公所畫菜而書儉勤忍於上曰徐公三字經也家有像而戶戶尸之朝夕必祝焉此三字人人宜讀而當茲變亂之際尤須加意以示後人

唐宣宗時有奴告其主馬曙蓄兵器有異謀者御史臺

命吏發曙私第得犀甲不虛坐貶郃州刺史諫官上論以奴訴郎主在法必治帝命杖殺曙奴一時無不稱快

三原王端毅公老而好學在留都公出有狂生遮道呼萬歲公歸以語客客曰宋張忠定公在蜀軍士忽聚馬首大呼萬歲張公應之甚善公曰止勿言即退私閣謝賓客弗通精思數策次日以語客客不答公更問乃曰張公徐下馬北面叩頭亦呼萬歲者三公喟然曰吾輩安能及古人彼倉卒應變而有餘吾終日思之而不得

也李杲堂曰觀於張忠定公可以知應變之才觀於王端毅公可以知讀史之法

三山林西仲云文公家禮初喪用人代哭三日不絶聲夫哭本於哀豈可以他人代吾不知代者安有此副急淚也禮流於偽乃施之父子之間耶王陽明居喪常有客至不哭客去或哭者甚得哀禮真良知之學也吾鄉居喪之俗客至則男子哭於外婦人哭於内客去則止至於僧道誦經判斛鐃鼓喧䦧之時忽然大聲曰哭則

男婦皆噭然而哭忽然大聲曰不要哭則男婦皆寂然而止尤為可笑晉人曰哀至則哭何常之有余又以此言為得哀痛之情理彼用人代哭者固非即客至不哭者亦未為得也

元陳樵父患風歲久為風痰所侵氣弱不能吐樵截竹為筒時吸而出之事見宋景濂文集明李西涯為其叔父墓誌云吾祖母陳宜人苦痰壅叔父與吾父截葦筒吸之二事皆人子愛親憂親之念逼迫而出此乃實情

實理實事且有實效何必許愿祈神史巫紛若至於違道傷生以為孝乎

明有超越前世五事尊孔子以先師而祀以天子之禮樂一也優外戚以厚禄而處以安閒之職銜二也政本有規無母后專政之失三也兵權有統鮮悍將拒命之患四也金魚懸掛於歌樓象簡遺忘於妓寢豈非前代之弊乎禁官妓而嚴官箴敦尚風化五也

程明道云中有主則實實則患不能入伊川云心有主

則虛虛則邪不能入嚴平子云二説皆妙主人在内外客不入故謂實外客不入主人自在故謂虛

楊龜山天資懿曠濟以學問充養有道德器早成積於中者純粹而閎深見於外者簡易而平淡閒居和樂色笑可親臨事裁處不動聲色與之遊者群居終日嗒然不語飲人以和而鄙悳之態自不形也惟本孟子性善之説發明中庸大學之道有欲知方者為指其攸趣無所隱也當時公卿大夫之賢者莫不尊信之呂氏本中

曰龜山天資仁厚寛能容物又不見其涯涘不為崕嶄
絶俗之行以求世俗名譽與人交始終如一性至孝幼
喪父母哀毁如成人事繼母尤謹

後唐明宗長興三年令國子監較定五經雕板印賣之
其議出於馮道為刻書之始使後世學者得書之易長
樂老人之功亦堪不朽

三代以來皇后之有賢德者唐長孫氏為最后仁孝儉
素好讀書常與太宗從容商略古事因而獻替裨益宏

多撫字庶孽逾於所生嬪妃以下無不愛戴訓諸子常以謙儉為先太子乳母以東宮器用少請奏益之后不許曰太子患德不立名不揚何患無器用耶后得疾太子請奏赦罪人度人入道后曰死生有命非智力所移赦者國之大事不可數下道釋異端之教蠹國病民皆上素所不為柰何以吾一婦人使上為所不為乎及疾篤與太宗決時房元齡以譴歸第后曰元齡事陛下久小心慎密竒無大故不可棄也妾之本宗因緣葭莩以

致禄位既非德舉易致顛危欲保全之慎勿處之權要妾生無益於人願勿以邱壠勞費天下但依山為墳器用瓦可也更欲陛下親君子遠小人納忠諫屏讒慝省作役止遊獵則妾死不恨矣嘗採自古婦人得失事為女則三十卷又嘗著論譏漢明德馬后不能抑退親戚之權徒戒其車如流水馬如龍是開其禍敗之源而禁其末流也至是宮人以書奏之太宗覽之悲慟以示近臣曰后此書足以垂範百世朕非不知天命而為無益

之悲但入宮不復聞規諫之言失一良佐不能忘懷耳乃名元齡使復其位其賢德守節如此又非宋高曹向孟諸皇后之所能及

唐德宗有二事超出古今處其一葬代宗時將發引帝見轀輬車不當馳道問其故有司對曰陛下本命在午不敢衝也帝哭曰安有枉靈駕而謀身利乎命改轅直午而行肅宗代宗皆喜陰陽鬼神事無大小必謀之卜祝故王璵黎幹以左道得進帝雅不之信山陵但取七

月之期事集而發不復擇日其二先是公主下嫁者舅姑拜之婦不答帝命禮官定公主拜見舅姑之禮舅姑坐受於中堂諸父兄姊立受於東序如家人禮自太宗朝下嫁公主已異前代嫁主之法然其意久而復失德宗始定其制又非他代所能及

後世史臣有不愧董狐齊太史者唐著作郎吴兢撰則天實録言宋璟激張説使證魏元忠事後説修史見之謬曰劉五殊不相惜兢起對曰此兢所為史草具在不

可使明公枉怨死者同僚皆失色其後説陰祈改數字兢曰若徇公請則此史不為直筆何以取信於後世其正直不撓如此

四友齋叢説云朱象玄司成説有一順門上内臣嘗語余曰我輩在順門上久見時事幾變矣昔日張先生入朝我們多要打個弓盖言羅峯也後至夏先生我們只平着眼兒看哩今嚴先生與我們拱拱手方始進去盖屢變屢下矣王元美之賛羅峯云公相而中涓之勢絀

至於今垂五十年士大夫得伸其志於朝而黔首得安寢於里者誰之力也由是觀之羅峰相業即此一端誰堪與並至於歿未幾居第侵風雨力不能飭而孫多假貸於人以食不更難哉不更難哉

牛弘不詰其弟之射車牛劉寛不怒其婢之汚朝衣暨夏元吉入朝不責館人之燒其襪并存者棄之而行揆之情理亦當如是惟張莊懿以少年為御史巡按山東行香日為酒標掣落其帽而不計人以為難然亦事同

虛舟飄瓦不足為異又其為吏部尚書時散衙後回寓路遇一醉漢其人素酗酒無賴旁一人戲之曰汝若奪得此官藤棍方見手段此人遽前奪去其一公亦不問也及其人酒醒問其妻曰昨日醉歸有甚事故妻曰汝但帶一藤棍回取視之驚曰此文官棍子也訪之乃張尚書明日清晨頭頂此棍跪長安街上少頃公至前呵止持一棍而來此人乃叩頭請死公聲色自若但命隸人取其棍不問而去此則真度量耳

唐柳氏自公綽以來世以孝弟禮法為士大夫所宗玭常戒其子曰凡門第高可畏不可恃也立身行己一事有失則得罪重於他人無以見先人於地下此其所以可畏也門高則驕心易生族盛則為人所疾懿行實才人未之信小有疵纇衆皆指之此其所以不可恃也故膏粱子弟學宜加勤行宜加檢僅得比衆人耳古今家誡深切著明莫踰於此

唐宋間皆有官妓仕宦者被其牽制往往害政雖大人

君子亦多惑之至元尤甚惟明太祖始革去之官吏宿娼罪亞殺人一等雖赦終身弗叙

王陽明先生客座私祝云但願温恭直諒之友來此講學論道示以孝友謙和之行德業相勸過失相規以教訓我子弟使毋陷於非僻不願狂躁惰慢之徒來此博奕飲酒長傲飾非導以驕奢淫蕩之事誘以貪財黷貨之謀冥頑無恥煽惑鼓動以益我子弟之不肖嗚呼由前之說是謂良士由後之說是為凶人我子弟苟遠良

士而近凶人是謂逆子戒之戒之

吕文穆父龜圖與其母不相能併文穆逐出之羇旅於外衣食殆不給龍門山利涉院僧識其為貴人延致寺中為鑿山岩為龕以居之文穆處其間九年乃出從秋試一舉為廷試第一已而攜其母以見龜圖雖許納之終不與相見乃同堂異室而居焉後人編劇以王播木蘭寺事及詩移以狀公村夫俗子遂相傳以為實而士人目中之無書者亦然殊為可笑

宋儒家教甚嚴昔文中子曰諸葛亮無死禮樂其有興乎邵伯温遂論武侯未必能興禮樂康節先生見之大怒曰使子齊武侯之肩猶不可議武侯况僅跂其踵乎以武侯之賢安知其不能興禮樂也伯温由是終身不敢方人

唐玄宗好鬼神嘗不豫遣中使與女巫乘驛分禱所過煩擾黄州有巫盛年美色從無賴少年數十爲蠹尤甚刺史左震悉收斬之籍其贓數十萬具以狀聞請以其

贓代貧民租遣中使還京帝無以罪也

宋慶歷中開寶寺塔災得舊瘞舍利迎入内庭送本寺令士庶瞻仰傳言在内庭時頗有光怪將復建塔余靖言彼一塔不能自衛何福及民凡水草皆有光水晶及珠之圓者夜亦有光烏異也梁武造長干塔舍利常有光臺城之敗何能致福乞不營造仁宗從之

宋英宗治平元年燕國惠和公主下降王宗約英宗欲正其禮尚未遑也及神宗踐祚乃詔公主出降皆行見

舅姑禮是時宗約父克成為開封府判官前一日中使促就第受主見行盥饋禮成大合樂天下榮之
唐宣宗愛女萬壽公主適鄭顥舊例以銀裝車上曰吾欲以儉約化天下當自親者始令依外命婦以銅裝車仍詔公主執婦禮皆如臣庶之法戒以毋得畢夫族預時事顥弟顗常得危疾帝遣使視之還問公主何在曰在慈恩寺觀戲場帝怒嘆曰我恠士大夫家不欲與我家為婚良有以也亟名公主責之曰豈有小郎病不往

省視乃觀戲乎由是貴戚皆守禮法如衣冠之族

雙橋隨筆卷三

雙橋隨筆卷四

鳳縣知縣周名撰

俗忌正五九三月不可赴任王勉夫曰張敞爲山陽太守奏曰臣以地節三年五月視事其言如此則知前漢之俗未嘗忌五月也然敞在山陽其責甚難卒以無事其後徵爲膠東相亦不聞有凶横之説又漢朔方太守碑云延嘉四年九月乙酉詔書遷衙令五月正月到官

乃知拘忌之說起於兩漢之後又獨孤及集有為舒州到任表曰九月到州訖乃知唐人亦有不忌九月者因考諸州唐人題名見不避正五九處亦多云云大凡拘忌時日者多不甚明理之人耳吾輩以身任事吉凶禍福原不可必亦盡其在我以聽於命可矣休與咎豈時日所能致乎余嘗堅執此說而一時多竊笑者觀王公此論似有同心不獨余之執拗也

盜亦有道明正德間大盜趙鐩亂河南行剽至鈞州以

尚書馬文升家在搖弗攻破沁陽前大學士焦芳已逃匿毀其家發芳窖取其衣冠縛草若人者而屠裂之曰恨不爲天下殺此賊今之盜但知剽掠耳誰能力辨賢奸痛快人心若此

明楊文襄號爲智囊其學博才雄善調停應變濟務曉暢邊事羽檄旁午一夕十疏口占指授悉中機宜亦由其用心勤敏故也其在靈州每諭諸將曰無事常如有事時隄防有事常如無事時安靜惟其能隄防故能安

靜耳今人當有事時尚然泄泄況於無事乎而欲其不至張皇失措於事故紛紜之際何可得矣

西門豹性急佩韋以自緩董安于性緩佩弦以自急人生氣質不能無偏要在陶鎔變化之耳乃余又謂兩者交病而與其緩也寧急所以云急非躁卞鹵莽一往用壯之謂也惟以需者事之賊貴於克赴事機勿失其會而已而利用推行之力則當預養於平時以待事之變自古迄今寧有因循委靡之人而可以有為者哉葢余

性病於急而兒輩則又緩余老矣尚思自治少壯之人何可以勿藥故不禁為之饒舌耳

五祀門行户竈中霤亦古人報功之意犹公羣碎録以為竈神姓張名禪字子郭又名隗鄭玄則以竈神為老婦皆無此理又以為己丑日卯時上天白人罪過此日祭之得福若然則竈神者可以口腹之奉使之掩惡以為善其欺上帝也甚矣故孔子曰獲罪於天無所禱也是當時不善之人多有欲藉行媚以祈免者故明天道

以儆之耳又云竈神名吉利夫人姓王名搏頰又云五行書云五月辰日猪頭祭竈治生萬倍此又好事者造為此言以歆動奉神邀福之輩似非肴公語也酉陽雜俎竈神名隗狀如美女又姓張名禪字子郭夫人字卿忌有六女皆名察洽常以月晦上天白人罪狀天帝督使下為地精己丑日出卯時上天禺中下行署此日祭得福其屬神有天帝嬌孫天帝大夫天帝長兄等語荒唐尤甚

偶畜二鵝一雌一雄離鷇未久然出入相傍飲嗅以時甚馴也一夕雌者為野貍所齧而斃其雄哀鳴不食雖抱置之水草間或以飯寔其喙吐弗納而鳴如故益三日余憐之幾欲墮淚嗟乎一禽耳而痛其偶若是彼稱為人類而無其情與性者不亦可愧也哉

制臺李公之見客也以散衙為期侍衛皆撤旁無一人惟捧茶者逕伺堦下從容顧問談笑藹然雖軍務旁午後磚影已昃略無倦容見者如生春風中也昔胡梅林

督兵兩浙極事威嚴介胄之士膝語蛇行不敢舉頭公擁滿漢兵外挫强敵軍威振赫尤過於胡而麾蓋所臨被難之民擁道而控公駐馬諦聽絶無呵殿聲使人辟易益衢人身罹剝膚之慘非公嘔心區畫生死而肉骨焉孑遺之羣寧有噍類公軀幹魁梧修髯玉立宏慈端偉之度溢於眉宇閭望而知為東南福曜云

二十九日未時風雨大作一鄉民之寓彭溪者與其兄暨姪鋤麥於野奔避大樹下雷火追擊之死焉自肩及

胯以下凡四創皆鑿痕而膚盡黑詢之里人則一農夫耳無他罪惡也余於是愕然訝愀然悲而又為之太息也曰嗟乎當今之人有易死者十焉死於冦死於兵死於飢與凍憊與病死於旱與潦賦與役而玆又死於雷乎或曰夫夫也必有其隱慝者也不然則生前之不善受報於今日者也又不然則其命與數所犯而適罹其災者也余皆以為不然聞之賞罰之權人所司而禍福之理天為政天道福善而禍淫所以助人賞罰之所不

能及而雷霆者固天授之以斧鉞而示其威以警人世者也上天之倚任既甚重而下民之性命非可輕則其誅惡也應以魁行有期而不至於誤必無索瘢於菜傭有罪而故延其罰及以命與數殺人之事今之死者以為其罪未彰𡚁則非窮凶極惡之人可知也以為前世之懲𡚁則漏網於當日者何故且人又無再生之理也若夫數與命皆天也吾又未聞天之殺人不以罪而聽其死於命與數也昔人之志於除惡也曰豺狼當道安

問狐狸令之探丸斬木鴟張蜮射者豈僅豺狼而已哉吾願天威震怒日取大憝巨惡而擊之以儆夫世之敢為不善者庶幾無告之衆得以全其生嗟乎余之不知自量而妄於持論者徒以憫人耳豈敢輙議天哉

余疑鄉民之為雷所擊久而不知其故也一日偶與衆談及而其兄適至焉遂聚而問之其人汪然出涕曰甚矣吾弟之堪憐也惟去歲之朞日因以失物忤吾母吾母呼天而誓且拜焉吾弟亦呼而拜焉其犯天刑者或

以是不意已踰數月而仍受其罰也余曰噫有是哉余固知夫天道之無誤也蓋五刑之屬三千而罪莫大於不孝稽之史傳雷之所殛無非若人者余固知夫天道之無誤也雖然不孝之罪誠大矣不可赦矣然而家法可治也官法可治也國法可治也今有人焉視理法為弁髦父母妻子不顧也弄兵於萑苻之内殺人如麻而眼不少眨焉此豈不足以干天怒乎胡為至今不殺也今之遺黎苦極矣尫然者僅支皮骨耳而以城社為蠆

尾持牒撼人門而朘其膏與血者胡不稍懲之而聽其昂眉怒目於道也余以是終不能無望於天也益不善之人可以欺人而不可以欺天天威之所加雖挾權與術者不能遁殛其尤而與之類者無不懼但須一擊之力耳天心如厭亂乎此用重典時也請除亂臣賊子不赦外更為塗毒生靈之輩鑄刑書焉

明嘉靖閒御史楊公爵給事周公怡工部員外劉公魁皆以言事下錦衣衛劉公年已五十有六當封囊時取

俸金三兩與家人治後事比廷杖入獄日與楊周二公誦書講學諸校傍聞其語嘖嘖感動已因神降於箕乞宥三諫臣得旨釋放為民是時世廟方從道教箕神之請其所深信豈非一時左右三公者假為神語以動九重之聽歟此與韓厥復趙後事同

楊升庵云廣文選中山王文木賦乃以文為中山王名而題作木賦宋王微詠賦乃誤王為玉而題云微詠賦下書宋玉之名不知王微乃南宋人史具有姓名阮步

兵碑乃東平太守嵇叔良而妄作叔夜不知叔夜之死先於阮也凡前人之著述如此類者甚多宜加考正不應草草看過

王守溪震澤長語云閲載籍有得則録之觀物理有得則録之有關治體則録之有裨聞見則録之

明顧東江丁艱回日餞鶴灘以修撰去官家居一日來作亨不同諸士大夫惟約舊朋友四五人其一人姓張以染作為業學雖不逮諸公然好賢常館轂諸公者人

持銀一錢買三牲祭物其猪首一枚不能掩豆鵝一魚一及香楮等物而已祭文亦自鶴灘來東江家以片紙起草取紙書之者祭畢鶴灘坐待令主人持福物來共食東江出語云不得陪諸公坐遂進去諸人食畢而散前輩舉動真率如此真可師也

明陳公良謨云余承太宰魚石唐翁所知赴闕臯任過蘭溪特進謁焉臨别翁曰吾欲造君舟一拜奈有足瘍不能步行當遣兒子汝楫代之來予曰小子何敢勞翁

但翁官居八座年過七旬天下大老也孔子嘗從大夫之後不可徒行翁學孔子者而顧欲過之耶翁曰固然第吾楓山先生歸祗是步行未嘗乘轎及姪朴菴公竹澗潘公俱守此禮吾其敢違吁浙有楓山猶魯有泰岱遺矩巋然而諸公皆能率履弗越如此視近時少年纔登一第還鄉遂乘軒擁蓋揚揚過閭里者果何如耶噫陳公之所不滿者猶少年登第人耳若夫小人一旦暴貴氣燄薰蒸有過於金湯鍍了之人者使楓山諸先生

見之能無掩口

淮南潘子素純作輥卦平江蔡宗魯衛作吝卦扶風馬文璧琬作論卦睦州邵玄同桂子作忍默恕退四卦四明屠彝客作傖謔讒諂四卦皆得風刺之旨而邵以保身慎言推心知止為戒於以規世也尤正至於詞之勁而文戲而不謔則輥卦為最令人解頤邵之韓信胯下張公九世等語未免俚淺之極不堪咀嚼矣

明平江侯陳公豫鎮守臨清日館舍作詩有簷前絡緯

啼之句侯謂草蟲不可言啼遂疎之不知絡緯啼李太白已道之矣客終無以自明二人蓋未嘗讀李詩故也

成化間有吏聞言時事禮科給事中忌之以激厲風俗之厲不從力叅送法司問罪不知厲本古字漢書嘗云風厲勉厲皆不從力此吏亦不能自明二人蓋未嘗讀漢書故也兵部給事中閲兵部題本以伎不從女呼吏笞之翌旦有不平者令受笞吏執韻書以進乃赧顏慰遣之此蓋識俗字不識古字故也

張子韶年十四遊郡庠閉閣終日寒折膠暑鑠金不越户限比舍生穴隙窺之則斂膝危坐對寘大編若與神明伍乃相驚服而尊師之晚年謫居談經自樂手不停披歲久庭磚足跡依然乃題其柱曰予生平嗜書老來目病執卷就明於此者十四年矣倚立積久雙趺隱然可一笑也

廉希憲博囉哈雅子也世祖為皇弟時希憲年十九得入侍一日讀孟子以性善義利仁暴之旨對世祖嘉之

目曰廉孟子取鄂州時命希憲入籍府庫希憲引儒生百餘拜伏軍門言王師渡江凡軍中俘獲士人宜官贖遣還以廣異恩世祖嘉納之還者五百餘人時方尊禮國師命希憲受戒對曰臣受孔子戒矣帝曰孔子亦有戒乎對曰為臣當忠為子當孝孔子之戒也此公臨機制變膽畧俱優所録三事皆於名教有關而為臣為子之言義簡而盡尤足令士大夫喜尊二氏者對之頩赤世祖稱為真男子不虛也

左傳雖好語怪然其云妖由人興也此語極妙凡妖之見於夢或聲影恍惚之間皆由心之所慕與畏與疑而後生而寔未嘗有所謂妖也婦女兒童村市中人之所見不能認理無端自惑轉相傳說漸以為真而妖之言語狀貌於是乎無所不至矣昔石普好殺人以為娛未嘗暫悔也醉中縳一奴使其指使投之於河指使哀而縱之既醒而悔指使畏其暴不敢以寔告居久之普病見奴為祟自以必死指使呼奴示之祟不復出普亦愈

此妖從疑畏而生者也田蚡司馬景王姚萇沈約劉悟趙普仇鸞之事亦然然數人所為應致九原茹恨使之為祟之理又不可謂之盡無尚令奸邪險譎之人不知畏人而畏鬼

習公先生書孫樵書何易於事曰古來如何君賢令者不少矣無樵等記述幾與草木同腐即如白樂天秦中吟十詩其立碑篇云我聞望江縣麴令撫惸嫠在官有仁義名不聞京師身歿欲歸葬百姓遮路岐攀轅不得

去留葬此江滸至今道其名男女涕皆垂無人立碑碣惟有邑人知每一讀之為憮然嘆者良久蓋從古及今何易於麴令常有而孫樵白樂天不常有易於得樵而書其事麴令得樂天而咏以詩復得眉公為之表出兩人軼事遂堪不朽雖為善者無意於人知以視夫撫字心勞之吏僅載口碑而無所聞於後世者可不謂之厚幸乎哉

先賢講學之舉所以尊經衛道繼往開來其有裨於人

心世故非小然竊意宜以實理實學實行實事為主葢自堯舜以來六經四子中義無不備有不待後人之别生枝節者孔子不云乎述而不作信而好古吾輩幸生鄒魯之後但奉其已立之言而發明之而不墮於盲風怪霧中使千人亦見萬人亦見斯已耳自揚雄撰太玄務為險要之語以示奇後人尤而效之而先聖之道為之愈晦迨宋儒疊起日朗天清矣乃朱陸之異又以德性問學别户分門而王陽明專主良知亦不免於偽學

之議要其羽翼聖經之心固未嘗或異也惟隆萬以後諸公喜談玄妙遂使二氏之毒中於膏肓在朝在野俱無實學問實經濟之人浸淫至於人心國是大壞不可復救而後已當是時亦有歸咎於講學之無用者此非講學者之罪而講學而騖於虛無浮誕毫無實際者之罪也呂明德先生明季之講學者也其言曰有問知其說者節還是治天下還是關係大焉少墟以為俱通得只是仁孝誠敬便無難處之事先生曰非也余幼讀書

每書向自身及實事上體貼通者半不通者半妄謂聖人之言半虛説也乃令細細體認覺其義日新無言不可體認到實事上如知其說者之於天下令只言禘是祭祀及帝所自出之祖等語與天下何涉即言仁孝誠敬何以通之天下聖人之說不虛而罔實乎不知聖人原有深意言之於天下便知禘是有天下事魯當禘乎不當禘乎且魯僭用禘及凡類此甚多而大夫便八佾便雍徹陪臣便執國命一國如此天下如此所以難處

果能明此說便兠底一清魯不曾有天下自然不應用禘如此之類盡還之周天子大夫陪臣自然不敢僭亂天下有天子諸侯大夫陪臣各安其分而不治乎尚有何難處之事是夫子有反正之意非徒為魯諱也如此體貼方有實據凡書必看到此地方見聖人言言寔事非虚談也又如明乎郊社之禮有謂與此不同不知聖人之言豈有二理彼亦只是實事只將前面宗廟之禮一節作註解自明豈有親親賢賢序事序爵逮賤敬老

而天下有不治乎與間禘之説節同作實事看便豁然矣先生又曰如致中和天地位焉萬物育焉時説多言吾心之天地位萬物育似精實粗似深實淺凡看書落此窠臼多矣蓋聖人無虚言實實有此理實實有此事然萬物育焉以親親仁民愛物之説通之人猶易曉惟天地位恰似荒唐不知能致中和自然天清地寧如紂時山崩水竭宇宙黯慘光景至文武而一清足徵矣即如寇賊變亂風霾愁慘天地為昏誰非人為所致豈不

是天地不位之徵安得以為非寔事乎嗟乎凡先生所論皆實理寔事也兼本末該内外為體為用一以貫之惟期皆合於身心意知天下國家之實理實事而後止葢寔之為義發明於孟子易之无妄也書之執中也詩之無邪中庸之前定不貳忠恕以及於至誠皆是物也立天之道曰陰與陽寔運也故知大始立地之道曰柔與剛實體也故作成物立人之道曰仁與義實德也故能裁成而輔相焉葢實者真也不實則虛虛則假矣天

地間未有實而不成虛而不毀者邵二泉曰願為真士夫不願為假道學余亦曰願為實性情實事業不願為虛學問虛文章

明楊升菴才高學博以元輔之子魁天下播盛名宜其發為論議駘宕不羈而乃切實著明異於一時談空說妙之輩其論道學也曰或問何謂道學曰天下之達道五能行五者於天下而又推類以盡其餘道學盡於是矣何謂心學曰道之行也存主於內無一念而非道發

達於外無一事而非心表裏貫徹無載爾偽心學盡於是矣故道學心學理一名殊明明白白平平正正中庸而已更無高遠玄妙之說至易而行難内外一者也彼外之所行顛倒錯亂於人倫事理大處顧異巾詭服闊論高談飾虚文美觀而曰吾道學吾心學使人領會於渺茫恍惚之間而無可捉摸以求所謂禪悟此其賊道喪心已甚乃欺人之行亂民之儔聖王之所必誅而不以赦者也何道學心學之有其論禪學俗學也曰鶩於

高遠則有躐等憑虛之憂專於考索則有遺本溺心之患故曰君子尊德性而道問學凡高遠之弊其究也以六經為註脚以空索為一貫謂形器法度皆芻狗之餘視聽言動非性命之理所謂其高過於大學而無濟世之實禪學以之考索之弊其究也涉獵記誦以雜博相高割裂裝綴以華靡相勝如華藻之繪明星伎兒之鳴訝鼓所謂其功倍於小學而無用世之力俗學以之以上議論皆中明季講學者之病惜當時無力闡其義以

告天下者遂至入於膏肓不可救藥而世道人心至於大壞也

顧東江清致仕還家日處西園中課僮僕蒔蔬其農桑輯要一書塗抹删改細書於行間及額上皆滿人見其以樂瓢貯各色菜子懸之梁棟間不下數十種夫以特郎家居絶足不與外事閉門閒適學為老圃若將終身焉其氣韻過人遠矣又周北野以郎中致仕其子輿解元登第為編修兩世通顯居北郭有田不上數頃室廬

荒敝常閉門不與外事父子皆善詩有周氏世鳴集兩

公事俱見四友齋叢說

宋孝宗小年極鈍高宗一日出對廷臣云夜來不得睡

或問何故云看小兒讀書念不得甚以為憂某人進云

帝王之學止要知興亡治亂初不在記誦帝意方少解

時藝至今日兼經酌雅前此油腔熟套淘汰盡矣但不

知其存心而見於行者亦與其文不相刺謬否耳朱子

曰專做時文的人他說的都是聖賢說話且如說廉他

也會說得好說義他也會說得好待他身自做處只是不廉只是不義緣他將許多話只是就紙上廉是題目上合說廉義是題目上合說義都不關自家身上些子事此言最中人病痛有志於聖賢之道者不可不反躬自責也

北溪陳氏曰聖賢學問未嘗有妨於科舉之文理義明則文字議論益有精神光彩躬行心得者有素則形之商訂時事敷陳治體莫非溢中肆外之餘自有以當人

情中物理藹然仁義道德之言一一皆可用之寔也

饒雙峰曰義理與舉業初無相妨若一日之間上半日將經傳討論義理下半日理會舉業亦何不可况舉業之文未有不自義理中出者若講明通透則識見高明行文條暢舉業當益精若不通義理則識見凡下議論淺近言語鄙俗文字中十病九痛不自知覺何緣做得好舉業雖没世窮年從事於此亦無益也

魯齋許氏曰閲子史必須有所折衷六經語孟乃子史

之折衷也譬如法家之有律令格式賞功罰罪合於律令格式者為當不合於律令格式者為不當諸子百家之言合於六經語孟者為是不合於六經語孟者為非以此衷考古之人而去取之鮮有失矣乃余以為不但此也葢六經語孟者又萬事萬理之折衷也大之而修身齊家治國平天下細之而持躬行己待人接物安常處變議禮考文閑邪反正移風易俗之類合於六經語孟者為是不合於六經語孟者為非以是變化而推行

之豈復有所失哉嗟乎六經之書不能盡讀讀亦不能盡解其不能以之折衷猶可言也學庸語孟當出就外傅時便有師授矣其不能以之折衷且相悖焉不可言也此最明白最真實之理人人可曉奈何不從此出入而喜墮枳棘叢中自處挂碍乎余頭顱若此稍有秉燭之明既老而好亦復何益

朱子讀書法曰讀書先讀大學以定其規模次讀論語以定其根本次讀孟子以觀其發越次讀中庸以求古

人之微妙處大學一篇有等級次第揔作處易曉宜先看論語確實但言語散見初看亦難孟子有感激興發人心處中庸亦難讀看三書後方宜讀之又曰中庸工夫密規模大讀書且從易曉易解處去讀四書道理燦然只是不去看若理會此四書何書不可讀何理不可究何事不可處又曰學者於學庸論孟四書果然下工夫句句字字涵泳切己看得透徹一生受用不盡只怕人不下工夫雖多讀古人書無益書只是明得道理却

要人做出書中所説聖賢工夫來若果看此數書他書可一見而決矣又曰六經語孟皆聖賢遺書皆當讀但初學且須知緩急大學語孟是聖賢為人切要處然語孟却是隨事答問難見要領惟大學是曾子述孔子説古人為學之大方門人又傳述以明其旨體統都具玩味此書知得古人為學所向讀論語便易入後面工夫雖多而大體已立矣又曰凡讀書先讀語孟然後觀史則如明鏡在此而妍醜不可逃若未讀徹中庸語孟大

學便去看史胸中無一個權衡多為所惑又曰讀史之法先讀史紀及左氏却看西漢東漢及三國志次看通鑑温公初作編年起於威烈王後又添至共和後又作稽古録始自上古然共和以上之年已不能推矣獨邵康節却推至帝堯元年皇極經世書中可見温公又作大事紀若欲看本朝事須看長編若精力不繼當看國紀國紀只有長編十分之二耳

明儒講學之弊多尚玄虛如禪家機鋒相難語茫無實

際邇來撫軍王峯趙公倡道於杭其所梓武林會語一字一句皆從人心與身體驗而出有如布帛菽粟食則知飽衣則知溫與鏤塵畫鬼者相去甚遠其論喜怒哀樂也問喜怒哀樂何以未發發而中節似對人言曰不必說對人言喜怒哀樂情也正說遇境而發便是此時吾輩講學相對之頃有喜否曰無有有哀樂否曰無有既云無有即是未發也未發則無著處不著在一處何偏之有故謂中此時講畢而出遇可喜可怒可哀可樂

即是發矣至中節則難非慎獨君子安能得不乖戾學者但從事於戒慎恐懼則未發之氣象與中節之妙用可以靜觀而默識矣非是任情而發便可言中節其論致中和一節也問致中和何以便天地位萬物育曰向日曾有人問過余曾講過今不必論堯舜止就八口之家論人若不中不和便偏倚乖戾了便暴怒發狂胡行亂做父母抵觸起來兄弟爭毆起來家中雞犬也不得安了這不是天翻地覆萬物不得其所氣象人若不偏

倚不乖戾一家中父慈子孝夫倡婦隨兄友弟恭全是一團和氣猫兒狗兒飽飯熟睡這不是天清地寧鳥獸魚鼈咸若氣象況堯舜之盛業乎極平常無難事其論學庸之為一致也曰中庸言性即是大學言明德中庸言教即是大學言學中庸言天地萬物即是大學言家國天下中庸言慎獨即是大學言誠意中庸言位育即是大學言齊治平但中庸言性故從天命說起是本體慎獨則工夫也大學言學故從在明說起即繼明德即

工夫即本體也其論止至善也曰至善即精一之中中節之節復禮之禮揔在此心之安與不安處認取件件有至善事事有至善即案前一桌有至善一几亦有至善不高不低平平穩穩坐下可以作字讀書理琴可以飲食這不是至善這不是中是節是禮的天然界限若過高過低不平不穩一無用處安所謂善下邊止仁止敬止孝止慈即止善註疏也以上數段中之語真切著明似卑邇却甚高遠似淺近却甚精微真所謂千人亦

見萬人亦見者視彼好談空説妙者真同囈語耳

雙橋隨筆卷四

欽定四庫全書

雙橋隨筆卷五

鳳縣知縣周名撰

徐勉王僧虔顔之推司馬光皆有訓子語而之推勉學篇更為警切其中摹寫不學之人如云或因家世餘緒得一階半級便謂自足安能自苦及有吉凶大事議論得失蒙然張口如坐雲霧公私宴集談古賦詩塞嘿低頭欠伸而已又云自荒亂以來諸見俘掠雖百世小人

如讀論語孝經者尚為人師雖千載冠冕不曉書記者莫不耕田養馬若能常保數百卷書千載終不為小人也夫明六經之旨涉百家之書縱不能增益德行敦厲風俗猶為一藝得以自資父兄不可常依鄉國不可常保一旦流離無人庇廕當自求諸身耳諺曰積財千萬不如薄技在身技之易習而可貴者無過讀書也云云其他字字透徹皆中時人之病蓋公之後自其子思魯以博學善屬文官至學士傳至師古及真卿杲卿至真

卿五世孫翊奕葉重光聯圭並笏者三十餘人謂非家訓所致不至此凡有家者全録一通勒之座右以視黄金籯之家真堪一𡁷

事之吉凶本無先兆若在行軍之際人心易揺適值世俗所怪以為不祥者不得不為數言道破以解其疑涼謝艾禦趙引兵出振武夜有梟鳴於牙中艾曰六博得梟者勝今梟鳴牙中克敵之兆也進與趙戰大破之唐趙郡王孝恭討輔公祏將發與諸將宴集命取水忽變

為血在坐皆失色孝恭舉止自若曰此乃公祏授首之徵也飲而盡之衆皆悦服其後遂平公祏夫梟鳴水變此人情所詫以為不祥者也使兩人稍生疑畏則羣心易沮甚非行軍之利惟故為吉語以定之而三軍鼓舞遂賀戰勝於一言矣然非平日見理明而不為奇衺所惑者豈能臨事鎮定乃爾

黄九烟先生託人覔居問所欲曰但欲無兵無盜賊又須有酒有魚蝦所願如此先生當日以為聊可之詞耳

以今觀之非極樂世界耶因憶眉公太平清話有曰余昔戊子隱居沈大夫園四周雜種花是小桃源時雨初晴負笠握鋤撥散土膏如灌園狀是小於陵教授諸生是小河汾橋斷水西不聞市喧是小考槃短舟徜徉池中一爐一琴可濯可釣是小五湖挾此數者視青天呼白鳥有談名利則揮手謝之不知其他是小神仙此等境地與九烟先生所願又若雲淵矣而眉公尚視以為小然則身處眉公之世世者豈僅世所稱蓬壺閬苑中人

哉

吾邑爛柯山相傳為晉王質觀奕處好事者遂塑土為質與二仙像及枰奩之類置之巖下以為寔有是人曁是事者然善乎晉陵鄒程邨之為記也有曰古今來達人遺世壯士憤時其胸中類有不能恝然者不得已而逃為百年頃刻之說以憶記其事於靈奇恍惚之中此即詩人高岸為谷深谷為陵之意也乃好事者從而誇述之又從而彷佛摹像之以冀其事或必然者其去芻

童牧豎之見幾何哉斯言也足以醒夫世之惑於靈經怪牒而不自知者要之非僅柯山為然而程邵之說尚有所未盡也今夫地之有山川洞壑江河嶽瀆也猶天之有日月星辰風雨雷電人之有眉髮頤頰耳目口鼻也一經開闢而或流或峙岌嶪玲瓏瀠洄瀰湃之容賦之已定非有所為而後設而屬之山者其體静其骨清其致幽其神遠静則惡其動也清則惡其雜也幽而遠則惡其囂與偪也其與人不相涉也甚矣乃無端而有

洞天福地佛祖道場神仙窟宅之說於是一峯一巒之秀必曰此某佛某仙之所聚而遊也一巖一洞之奇必曰此某佛某仙之所託而棲也不但為之艷其事而且為之像其形不但為之撰其名而且為之立其傳與記播之歌與詩有缾鉢匙筯果擂鑼磬瓔珞袈裟之贈有珍幢金傘霓旌絳節佛光火焰之神有騎龍騎虎乘鳳乘鸞祥雲覆頂紫霧騰空之異囈言譎楮怪誕不經至於岱山之金床玉几嵩之玉人金像赤室丹房廬之聖燈

磚樓辟蛇童昇仙臺武當之金殿滴淚池磨針澗斗蓬
焦扇峨嵋之煉丹竈淘米泉天台之僧人履仙石棺華
山之老君犁洗頭盆仙人碁巨靈掌諸如此類悉數難
終而古今又多有耳無目有目無心之人遂謂器具皆
存神仙活現訛以傳訛牽合附會於是有宰官居士之
稱護法檀那之舉羽流方士之屬青詞寶籙之儀進香
之男女如蟻膜拜之鼓鐘若沸琳宫梵宇金碧輝煌緇
服黄冠衣粮狼籍究哉山也任人改名易姓波及杜公

一云陳子昂而配十姨之夫伍相而變五髭之面蛇鬼鴉神亦啚血食小孤彭浪可訂婚姻紛紜沓嬲山之本來面目皆不能自主而無可告訴以自託於東擣西搘拖泥帶水之中矣曰人之好異也使地不得安其位乃知天亦幸與人絶高而不能至耳否則未免受其擾而余謂亦未盡然也今夫天之蒼蒼以氣上浮也其有日月星辰風雨雷電之屬非有婚姻男女之相生語言文字之相示也而好事之言至謂日姓張名表月姓文名申是

以姓名誣日月也文昌而化為儒雅之人魁宿而忽成醜怪之狀是以形相褻星辰也風稱伯為飛廉雨稱師為屏翳是以頭角扮風雨也謝師之長三尺鐵索之重六斤是以夫妻輕重狎雷電也宋祥符絳衣入夢孰為傳書唐天寶黃紙昇天誰為守藥是且以囈語欺上蒼也其談天之異若是雖幸不可近而不受其擾然亦豈盡安於無事哉或又曰凡人之鑿夫天與地固若是矣至於人或以同類而不相殘乎言至此而余不覺眉之

攢而頷之處也曰嗟乎人之所為又豈吾之所得而測者哉彼且矯揉造作其心思面貌耳目手足之用至於變幻詭異千態萬狀而不可聞蓋自鑿其混沌也久矣況其所以及於人者乎而又安能保其同類而不相殘乎余聞之夫子其不語者神與怪鬼神則敬而遠之老子曰有道之世其鬼不靈人奈何惑於異端邪說而不自知也余觀程邨之語尚有所未悉故不揣而為不入耳之言饒舌至此世之見者得毋相詫而反以余為好

異也夫

嘉靖間倭患最劇山左邢子愿有條上當事書名曰罪言東鄉艾千子值流寇之亂亦有指陳時事之策一見於來禽舘集一見於天傭子集頃又讀克正高公馭倭議起云天下事任者一議者百知而議之者一臆而議之者百任者之心常苦而計無復之將無所辭於議者之口議者之策常當而身未嘗試反求多於任者之人故議事者在度任者之心而以吾議衡之令之議倭是

也云云三公指畫當日情形皆鑿鑿可行而高公首欲調劑任與議者之心尤為急着毋謂書生管見不足以抵掉鞅摩壘之人也

文章根於人品而奸邪之徒亦為正人之言以欺世有陳以為戒而適所以自指者如李義府獻承華箴末云佞諛有類邪巧多方其萌不絕其害必彰義府方謟事太子而又故若讜直者太子表之遂優詔賜帛嗟乎佞諛邪巧孰有如義府者而反以為箴此亦不以人廢言

耶義府以贓敗朝野相賀或作河間道元帥劉祥道破銅山大賊李義府露布榜於衢劉祥道司刑太常伯與三司雜訊義府獄者也

嘗謂五倫之中惟朋友一途至於後世而其義遂廢數其情狀有朱公叔劉孝標之論所未盡者余嘗欲作一廣絕交論而未能也夫朋友之交以道義為主相與有成始有裨益至於今日不但無益而且有損以指天誓日簪合蘭芬之地反成翻雲覆雨猶羶鮑臭之場而市

并勢利中之蠅營蟻附者又無論矣蓋君臣父子兄弟夫婦合於天者也朋友定於人者也既得自主不能審擇而誤置其身於匪人之是比使十年有臭而不可聞焉此人情之最不可解者求為陳雷鮑管其人竟不可得也而況於道義中之最真最篤者哉吾故曰朋友一途至於後世而遂廢也

古之大臣剛正不阿非後世所能及申屠嘉為人廉直門不受私謁中大夫鄧通方愛幸時嘉入朝而通居上

旁有怠慢之禮嘉奏事畢因言曰陛下愛幸羣臣則富貴之至於朝廷之禮不可以不肅上曰君勿言吾私之罷朝坐府中嘉為檄召通詣丞相府不來且斬通通恐入言上上曰汝第往吾令使人召若通至詣丞相府免冠徒跣頓首謝嘉嘉坐自如弗為禮責曰夫朝廷者高皇帝之朝廷也通小臣戲殿上大不敬當斬吏今行斬之通頓首首盡出血不解上度丞相已困通使使持節召通而謝丞相此吾弄臣君釋之通既至為上泣曰丞相幾殺臣

宋宏薦沛國桓譚名譚拜議郎給事中帝每讌輙令鼓琴好其繁聲宏聞之不悅悔於薦舉伺譚内出正朝服坐府上遣吏名之譚至不與席而讓之曰吾所以薦子者欲令輔國家以道德也而令數進鄭聲以亂雅頌非忠正者也能自改耶將令相舉以法耶譚頓首辭謝良久乃遣之後大會羣臣帝使譚鼓琴譚見宏失其常度帝怪而問之宏乃離席免冠謝曰臣所以薦桓譚者望能以忠正導主而令朝廷躭悅鄭聲

臣之罪也帝改容謝使反服其後遂不復令譚給事中

宋孝宗時近習梁俊彦請稅兩淮沙田以助軍餉上大喜付外施行葉子昂為相奏曰沙田者乃江濵出没之地水激於東則沙漲於西水激於西則沙復漲於東百姓知沙漲於東西而田焉是未可以為常也且辛巳兵興兩淮之田租盡復至今未征况沙田乎上大悟即詔罷之子昂退至中書令人逮俊彦至叱責曰汝言利求進萬一淮民怨咨為國生事雖斬汝萬段豈足塞責俊

彥惶汗免冠謝久乃釋之宏與子昂固儒者嘉起材官蹶張而能持大體若是尤人所難然又皆不如諸葛武侯以黃皓之寵於後主而終侯之世不敢為非則誠所謂能格君心者其以嚴見憚又不待露之聲色之間也孔子曰君子不以言舉人不以人廢言時至戰國工於揣摩捭闔之術者莫過於蘇秦其言猶糞土也而有不盡然者其為趙合從以攻秦也列叙六國之形勝風俗靡不諳悉不啻躬履而目擊其才亦有足多者焉至說

齊閔王以好戰之害而謂祖仁者王立義者霸用兵窮者亡惟以戢兵後事為主語語痛切又若不詭於道者惜乎不得見正於聖人使後世擯之以為傾覆險譎之徒也

古今是個儀文世界若無文以相接則倫類酧酢之間蔑棄古法與禽獸何異故曰周旋中禮盛德之至棘子成質而已矣之論便以為非吾想家庭之間儀文更不可少葢放肆之人大約徑情直遂悍然不肯周旋以致

父子兄弟尊卑上下之際日乖日戾同室之中遂成秦越此皆無文之所致也但不貴虛文耳文中有質是為真文愉色婉容有一種藹然可親之意方是真文世人以虛文為文者失之遠矣然虛文之人猶愈於放肆乖戾者也此聞鐘集之語極切家庭閒徑遂無文之病余每欲言之而不能如此之深切著明也

佳子弟當以厚重恬静為尚昔王融自恃才地三十内望為公輔嘗嘆曰作此寂寂使鄧禹笑人搥車壁曰車

前無八騶何得稱丈夫以事被誅年僅二十七蕭惠開嘗謂人曰人生不得行胸臆雖百歲猶為夭未幾發病吐物如肺肝而死此二人者可以為輕狂躁動者之戒

唐太宗詔奴告主者勿受仍斬之可為後世之法

貧賤之交不可忘糟糠之妻不下堂人知宋宏有辭尚湖陽公主事而不知尉遲敬德亦有之太宗嘗謂敬德曰朕欲以女妻卿敬德謝曰臣妻雖陋相與共貧賤久矣臣聞古人富不易妻此非臣所願也乃止武夫不肯

為薄行事亦如此

杜祁公行清介不植私產既退寓南都凡十年第室卑陋才數十楹居之裕如享客多用髹器客有稱歎者曰公常為宰相清貧乃爾耶公命侍人盡取白金燕器於前曰非之此雅自不好耳然公好施亦卒不蓄也

烏有反哺之孝此鴉之可喜者也唐竇參柄政每事必詢於族子申申所至人目為喜鵲此鵲之可惡者也

臣聞明於天地之性不可惑以神怪知萬物之情不可

罔以非類諸背仁義之正道不遵五經之法言而盛稱
奇怪神鬼廣崇祭祀之方求報無福之祠及言世有仙
人服食不終之藥遠興輕舉登遐倒景覽觀縣圃浮游
蓬萊耕耘五德朝種暮穫與山石無極黃治變化堅水
淖溺化色五倉之術者皆奸人惑衆挾左道懐詐偽以
欺罔世主聽其言洋洋盈耳若將可遇求之盪盪如繫
風捕影終不可得是以明王拒而不聽聖人絶而不語
昔周史萇宏欲以鬼神之術輔尊靈王會朝諸侯而周

室愈微諸侯愈叛楚懐王隆祭祀事鬼神欲以獲福助
却秦師而兵挫地削身辱國危秦始皇初并天下甘心
於神仙之道遣徐福韓終之屬多齎童男童女入海求
神采藥因逃不還天下怨恨漢興新垣平齊人少翁公
孫卿欒大等皆以仙人黄冶祭祀事鬼神使物入海求
神采藥貴幸賞累千金大尤尊盛至妻公主爵位重絫
震海内元鼎元封之際燕齊之間方士瞋目扼腕言有
神仙祭祀致福之術者以萬數其後平等皆以術窮詐

得誅夷伏辜至初元中有天淵玉女鉅鹿神人轑陽侯師張宗之奸紛紛更起夫周秦之末三五之隆已嘗專意散財厚爵禄竦精神舉天下以求之美曠日經年靡有毫氂之驗足以揆今經曰享多儀儀不及物惟曰不享論語説曰子不語怪力亂神惟陛下拒絶其類毋令奸人有以窺朝署

臣聞妖言惑衆左道亂俗在昔之法皆殺無赦葢奸臣之逆節狂賊亂規多假鬼神揺動耳目漢之張角晉之

孫恩偶失防閑遂至屯聚國家宜有嚴制以肅多方切以當州東引七閩南控百粤編氓右鬼舊俗尚巫在漢欒巴已嘗翦理爰從近歲傳習滋多假託禨祥愚弄黎庶勦絶性命規取貨財皆於所居塑畫魑魅陳列幡幟鳴擊鼓角謂之神壇嬰孺襁褓已令寄育字曰壇留壇保之類及其稍長則傳習妖法驅為童隸民之有病則門施符術禁絶往還斥遠至親屏去便物家人營藥則曰神不許服病者欲飲則曰神未聽餐率令疫人死於

饑渴洎自亡者服用又言餘祟所憑人不敢留規以自分若幸而獲免家之所資假神而言無求不可其間有孤子單族首面幼妻或絶户以圖財或害夫而納婦浸淫既久習熟為常民被非辜了不為怪奉之愈謹信之愈深從其言甚於典章畏其威重於官吏奇神異像圖繪歲增邪籙妖符傳寫入夥小則雞豚致祀斂以還家大則歌舞聚人食其餘胙婚葬出處動必求師刼盜鬬爭行須作水蠱耗衣食眩惑里閭設欲扇揺不難連結

在於憲典具有章條其如法未勝奸蘗弗瘳疾宜頒峻典以革妖風伏乞嚴賜條約屏除巨害保宥羣生少裨萬一

右二疏論列邪教之害甚悉首篇出西漢谷永手永黨於王氏人不足貴而排黜異端乃能凜凜若是堪與韓昌黎佛骨表同垂後世矣因並録之

呂東萊曰凡為學之道必先至誠不誠未有能至者也何以見其誠居處齊莊志意凝定不妄言不茍笑開卷

伏讀必起恭敬如對聖賢掩卷沉思必根義理以閑邪僻行之悠久習與性成便有聖賢前輩氣象又曰為學之本莫先於讀書讀書之法須令日有課程句讀有未曉大義有未通不惜與人商確不惜就人授讀凡人多以此為恥曾不知不如是則有終身之恥也

魏鶴山曰帝王不作而洙泗之教興微孟子吾不知大道之與異端果孰為勝負也聖賢既興而關洛之學興微朱子亦未知聖傳之與俗學果孰為顯晦也韓子謂

孟子之功不在禹下予謂朱子之功不在孟子下可謂確論

宋尹和靖每赴經筵前夕必沐浴更衣設香案以來日所當講書置案上朝服再拜拈香又再拜齋於燕室初夜乃寢次日入侍經筵學者問焉曰必欲以所言感悟君父安得不盡敬人君之尊如天必須盡巳之誠意又曰以吾所言得入則天下蒙其利不能入則反之安得不盡誠敬

宋趙隣幾官知制誥卒子東之亦死塞下家貧三女皆幼無田以養無宅可居僕趙延嗣者久事舍人義不忍去竭力營衣食以給之勞苦不避如是者十餘年三女皆長延嗣未嘗見其面至京師訪舍人之舊謀嫁三女見宋翰林知白楊侍郎徽之發聲大哭具道所以二公驚謝曰吾被衣冠且與舍人友而不恤其孤不逮汝遠矣即迎三女歸京師求良士嫁之三女皆有歸延嗣乃去石守道爲之傳以勵天下此等事求之近世不但趙

延嗣不可得并宋楊二公亦難屈指

姚現聞先生與其長公書云楓樹堂中時時洒掃庶不愧名士風流吳梅邨序翁季霖詩云余嘗訪友過翁氏之廬見其堂廡深靚夾窻助明雷尊蛙鼎犀籤縹帙以為之陳雕菌髹几文竹異石以為之飾問其家曰先人之所遺也没十餘年矣琴瑟在前罍洗居右部分而不亂無纖翳焉大抵儒門子弟貴於恬靜和雅雖環堵之居僅堪容膝入其門几榻無塵位置楚楚主人出揖客

韻致可觀而毫無鄙俚之狀乃不愧儒素家風

朝議大夫李觀字夢符史傳諸書一過目即成誦文章如元次山登第歷官知虔州不就請監衡州南嶽廟以歸建玉溪洞洞中有抱一堂水仙亭有梅處曰香雪塢有衆花處曰錦繡谷貯書史處曰文之數終日醉於漢上於世味淡如也排斥釋教至老不衰鄉人常請作脩崇聖觀殿記其間曰天子愛民至渥也使供租稅若有難色至奉異方之教則倒廩竭橐忻然無辭施者頗慚

其後多寶塔成有求記於公者公於是又曰令之人父母甘旨之養往往未能錙銖惟惑報應捨萬金唾如也衆益慚故二文至今不果刻石宋羅誘宜春傳信録

浙江通志載用賔胡公二禁約最有裨於俗尚一禁異端正禮俗本縣俗尚鬼巫崇信佛老比有喪葬覲棄家禮率用浮屠雜以黃冠鐘磬之聲達於旦夕甚乖舊稱鄒魯之意仰鄉約長訓諭揔甲人等訪查呈舉究治一禁溺女裁婚禮本縣淹女不舉舊習不遷雖有前令著

殺女之文申優免之令往往良心滅沒視如泛常致令十人之中八無家室生育鮮寡民物漸稀計其將來大可危懼審其弊源寔在傾貲嫁女以悅婚家苟或不然必成仇害女喪訟連遂致子孫無所倚藉此所以父母輕殺其女而忍心不顧也令照前規三女之家優免一丁仍作議婚姻之禮其嫁女上户不得用珠綺中户不得用金紵下户不得用銀帛娶婦上户不過用金環雙緞中户不過用銀環雙絹下户銀環雙布鄉約長副長

里長摠甲立薄二扇逐日問名報官嫁娶另簿呈送有溺女及僭侈者究治葢移風易俗應藉當事之權登高而呼其勢必應無奈不合時宜者之鮮有其人也安得起此公於今日而畀以臨民之任哉

古人心事大公至正有如白日青天豈若後世之人處心積慮惟為身家子孫計非望之利終日尋風水多忌諱揀日推命而天理人心居易以俟之功悉置之不問愚亦甚矣偶讀劉子政說苑李仲章制義中語可以闢

邪說拒詖行尊經衛道之助因節録之劉子政說苑至公篇云辛櫟見魯穆公曰周公不如太公之賢也穆公曰子何以言之辛櫟對曰周公擇地而封曲阜太公擇地而封營邱爵土等其地不若營邱之美民不如營邱之衆不徒若是營邱又有天固穆公心慚不能應也辛櫟趨而出南宮邊子入穆公具以辛櫟之言語南宮邊子南宮邊子曰昔周武王之卜居成周也其命龜曰予一人兼有天下辟就百姓敢無中土乎使予有罪則四

方伐之無難得也周公卜居曲阜其命龜曰作邑乎山之陽賢則茂昌不賢則速亡季孫行父之戒其子也曰吾欲室之便於兩社閒也使吾後世有不能事上者使其替之益速如是則曰賢則茂昌不賢則速亡安在擇地而封哉或亦有天固也辛櫟之言小人也子無復道也李來泰周雖舊邦制藝云周之邦未易言矣不寙墮播種之勤棄部之舊而邦一變慶節誌周謡之雅棄戎之舊而邦一變亶父避地荒闢周原棄邠之舊而邦又

一變至高山天作荒之幸矣而謂岐陽百里足兼五岳之封此又文王所不願及也周之命抑又多故矣元妃之裔宜王摯立而稷不受命帝嚳之裔宜嗣崇禪而部不受命公劉用光之緒當夏政頹廢之朝子興而姬又不受命至玉門讒謫不誅為幸矣而謂河洛六州足遷九鼎之奉尤文王所不忍言也二段文字寫出聖賢心緒何等明白而有謂其圖謀風水等於貪癡陰險之人者地下有靈能不髮指余有與唐翼脩辨風水文得此

二說可以為助

信鬼神者失謀信日者失時何以知其然夫聖賢周知能不時日而事利敬法令貴功勞不卜筮而身吉謹仁義順道理不禱祀而福故卜筮擇日潔齋戒肥犧牲飾圭璧精祠祀而終不能除悖逆之禍以神明有知而事之乃欲背道妄行而以祠祀求福神明必違之矣天子祭天地五嶽四瀆諸侯祭社稷大夫祭五祀士祭門戶庶人祭其先祖聖王承天心制禮分也古之卜日者將

以輔道稽疑示有所先而不敢專也非欲以顛倒善惡而幸安全孔子曰非其鬼而祭之諂也是以泰山不享季氏之旅易稱東鄰殺牛不如西鄰之禴祭蓋重禮不貴牲也敬實而不貴華誠有其德而推之則安往而不可是以聖人見人之文必考其質此說苑反質篇語也說明聖人卜日心事可解愚人之惑

東坡云聖人之所以絕人者不可以常情疑其有無孔子為魯司寇隳郈費三桓不疑其害已也非孔子能之

乎伊尹去亳適夏既醜有夏復歸於亳伊尹爲政於商既貳於夏矣以桀之暴厲納其執政而不疑往來兩國之閒而商人父師之非聖人能如是乎是以放太甲而不怨復其位太甲不疑不可以常情斷其有無也後世惟諸葛武侯近之元德將死之言乃眞寔語也使孔明據劉禪位蜀人豈異詞哉羅景綸曰朱文公云豪傑而不聖賢者有之矣未有聖賢而不豪傑者也陸象山深以其言爲確論如周公承紂大亂之後滅國者五十孔

予却萊人墮三都誅少正卯是甚手段非大豪傑乎其次如諸葛孔明議論見識力量規模亦真豪傑云云兩公之議皆天下後世所不能易者也乃闗中王穉欽則以孔明之不能一天下者在於自炫其能而阻人以進用之路其事業不能如蕭何以失大體故也而余以為不然善乎王元美之為蕭何諸葛優劣辨也曰是非王楨維之言而揚雄氏之言也曰漢屈羣策羣策屈羣力楚懷羣策而自屈其力夫曷故焉以語夫相臣之道幾

美非所以語於二子之優劣也夫孔明非不善用才者今夫大匠之為宮室也其梁棟欂櫨必貫夫楩楠豫杞之良者充焉斵而小之弗勝也或用夫黯然而中腐者匠之罪也其無楩楠豫杞者非匠之罪也孔明之相蜀也屬炎精之漸涸天下固已忘劉氏而又從而更之故以龐統之智焉而死法正之敏焉而死關張之悍鷙焉而死於是乎孔明之志窮勢屈不得不獨身而力幹之然猶日孳孳焉舉蔣費董向之徒以善其後以忌愎之

李嚴浮誕之馬謖褊淺之楊儀暴肆之魏延不得已而拾其長以充牛溲馬渤之用令是時而有子房者出而街亭之役必復以帷幄付幼良有韓信者出而祁山之役必復以旗鼓付文長有平陽侯出而五丈原之役必復以畫一付公儀則可是三君子無一馬而奈之何其以鄭侯望諸葛也哉孔明逆知其身之可以滅魏又逆知其身亡而蜀不得中原矣蔣費亡而蜀不蜀矣故及其身一用馬而卒不遂也且出師表何與於天下之為

文者木牛流馬何與於天下之為藝者八陣圖何與於天下之為兵者茍聲至而響合氣同而類應則奚不可之有孔明之言曰開誠心布公道集衆思廣忠益其為獨用長也乎哉云云先生此語使千載以上鞠躬盡瘁之苦衷歷歷紙上與蘇羅二公皆可謂卧龍知已而闢中之議殊失其倫矣

人皆謂東坡佞佛而實不然其議學校貢舉書斥士大夫主佛老之為非又策別云天子有七廟今又飾佛老

之宫為之祠固已過矣又使大臣兼官以領之歲給費以鉅萬計此何為者又賀坤成節表放億萬之羽毛未若消兵以全赤子飯無數之僧禍不如散廪以活飢民又作勝相院記謂治其學者大抵設械以應敵匿形以逃敗窘則推墮滉漾中不可捕捉如是而已矣此數句盡古今禪學自欺欺人之病楊升菴云東坡於禪學深入冥契而其言如此何也蓋其與世不合姑以消其不平莊子云因之以曼衍所以窮年也殆東坡之謂乎夫

抵東坡天分最高聰明絶世故文章學問外旁及於西氏之理而一時又有參寥佛印輩機鋒相對口頭話皆堪作偈所謂游戲三昧耳其與明季畔道離經驅儒入禪者甚異

東漢書為方士立傳如左慈之事妖怪特甚君子所不道而乃大書特書之何其陋也曹子建辨道論曰世有方士吾王悉所招致甘陵有甘始廬江有左慈陽城有郄儉善辟穀悉號數百歲所以集之魏國者恐此輩挾

姦宄以欺衆行妖惡以惑民豈復欲觀神仙於瀛洲求安期於遺海釋金輅而顧雲輿棄文驥而求飛龍哉云云其識過范煜遠矣吾鄉先輩修郡志至另立釋氏為一門而大書特書之曰翼教所載諸事跡極為揚詡殊可嘆異余僭筆削之而僅存其人於人物志後此從來誌書之體也然見之而張目者在所不免偶閱羅景綸論范煜史語因節録之而并及余臆見之妄以俟高明剖斷焉

宋宣和間崇尚道教黄冠出入禁闥號金門羽客氣燄赫然林靈素為之宗主一日有詔兩學之士問道於其座下且遣親近中貴監涖靈素陞座首詔太學博士王俊乂久而不出既出乃昌言吾先聖與老聃相為師友豈有摳衣禮黄冠者哉聞者駭然各逡巡而罷王海陵人衣冠内有此稍為吾輩生色

余極怪世人好為不根之語穿鑿附會雖以天之蒼蒼所謂六合内外宜不論不議者而亦為之辭如日月星

辰風雲雷雨之屬皆有男女姓名等事不一而足此皆聖人視以為怪而不語者何剽目傭耳者之紛紛也昔後燕慕容農年九歲問太史黄紘曰俗稱參辰相見萬人相食各自一宿何為如是紘曰昔高辛氏有二子長曰伯闕主辰次曰實沈主參日尋干戈自相征討後帝不臧使伯闕主參實沈主辰別而離之相見則爭故代傳言然農曰天有定宿以人甄之而成憎愛二子之前參辰云何紘不能對以自古未決之疑片言道破而其

年僅九歲也録之以質朐無定見之人喜崇荒謬以駭

聽聞者

總校官編修臣朱　鈐

校對官編修臣吳省蘭

謄録監生臣傅翰邦

清·周召撰

雙橋隨筆

（二）

中国书店

詳校官編修臣倉聖脈

欽定四庫全書

雙橋隨筆卷六

鳳縣知縣周召撰

凡人立身行己待人接物處常履變皆宜以中庸二字為主中者心至當而無所偏庸者道有常而不可易惟祈愜乎天理合乎人情而止而易之所謂易簡大學之所謂齊家治國平天下者皆在乎此矣世人性善無恒其流於異端邪教者不必論即人倫日用間每多僻戾

乖舛詭異執拘之累苟無師友之力學問之功以陶鎔其氣質而涵養其性情將有日錮於後來之習而不可救者不至如昔人所謂化為鬼魅不止也悲夫

唐曹華為沂海觀察使引兵赴鎮討王弁之亂將士迎候者華皆以好言撫之衆皆不疑華視事三日大饗將士伏甲士千人於幕下諭之曰天子以鄆人有遷徙之勞特加優給宜令鄆人處右沂人處左既定沂人皆出因闔門謂曰王常侍以天子之命來帥於此將士何得

輙害之語未畢仗者出圜而殺之死者千二百人血流殷渠赤氣冒門高丈餘海沂之人重足屏息華惡沂地褊請治兖許之自李正己爲盜齊魯俗益悍驁華下令曰鄒魯禮義鄉不可忘本乃身見儒士春秋祀孔子之祠立學官講誦斥家資贍給人乃知教成就諸生仕於朝當海内弄兵人心桀驁之際不但談笑間亂軍仗法而又能興起儒教以復成禮義之邦真揆文奮武才也令叛亂之輩安得如華者分理重地俾奸徒屏息儒生

吐氣乎有議其殺人太濫者然在討亂之時不得不爾所謂宜用重典也

陰雨連朝掩扉獨立壁隙苦風射入凛洌侵人適借得方孟旋先生青來閣初集急置案頭整襟披讀未竟數幅而不覺寒威之避舍身如挾纊也先生以制義樹幟詞壇操觚之家靡然向風奉盤匜而奔走者幾遍宇内自言於世無他嗜亦無他長不知何緣於八股文字氣息纏綿了靡解脱略知動筆以來歷三十年豈惟不蹈

時趨之先路亦不能馳先輩之後塵片言得失自參自賞占金占玉不與為忻忻呼馬呼牛不與為慽慽三十年來貧與俱貧病與俱病老與俱老不特此也庚子之歲至於丙午病而死者至再至三矣形神劃爾相離昏憒之中摇筆為時文矻矻不已非天錮宿業何以有此又言吾輩討究典籍分其句讀必字字氣腥抒勤蓺文滙其頴端必絲絲血滴如稱真讀書子我與古人精神始合併為一吾之胸中淵淵浩浩内朗外映八萬四千

毛孔一時放大光明與我朝夕周旋者自然應接不暇亦曠久彌新又言文章一技道未為尊時不可概吾制藝越自先師倡道四子六籍時晦時明漢人訓其語而失其義宋儒求得其義矣未盡模其神情與象貌也并神情象貌肖之者制藝耳嘗以為學此道者必如先師學文王之操三日而見其黮然者始一寓之文而後稱合作也夫摹秦漢古文詞耳矜理諦語録義疏耳按之當日之精氣而纍黍不必其合也即工何當於制藝哉

又言文章之妙必至一想便得捉筆便至乃可以操造化之柄此必有一段絪氳之氣鬱媾於未運想未命筆之先如子瞻所謂有成竹於胸中然後乃如兔起鶻落直追其所見可耳平時不豫蓄用志不分凝神之專詣當幾不妙講躊躇四顧批郤導窾滿志之通解恐郢人無所騁成風之技宜僚無所見累凡之巧矣嗟乎世有攻舉子業而劌心鉥骨矢以生殉言之津津有味如是之至真至篤者哉宜乎一時有不與他一个會元要會

元何用之語也雖然此但言其制藝而未及其古文詞也今其集具在沉雄典行之句原本經術而持滿以出但覺鏗金戛玉字字皆香使當日分其鑽研八股之歲月以致力於古其稱雄藝苑者當不止此然具是亦可以見先生矣嗟乎以先生之生之時之才之學之名與遇而尚不能自見於當世則夫雖有其文而掩抑於坎壈牢騷流離顛沛之際而不得一人為知己者又何足怪哉先生集成序之者甚多而艾東鄉一篇以為盡倫之書

則於先生之學問性情尤盡其藴越數十年吾師李僖平夫子復搜其逸在人間者悉梓之名曰合集而先生未墜之文益彰於後世矣

贛縣劉忠甫先生生平不佞佛見縉紳墨行儒冠終年闢説有司而以放禽魚生為慈悲本末乖謬者取訓諸子以為戒居母喪屏斥佛事隆萬以來士君子所難

宋晏原叔聚書甚多每有遷徙其妻厭之謂之乞人搬漆椀余謂此等椀勝於金鑲玉琢者幾千萬倍但恐無

錢多置使之充棟汗牛耳雖然世人眼孔惟為黄白所眩不薄書以為漆椀者少矣出之婦人口吻又何足怪
原叔有戯為漆椀詩雋永堪味載墨莊漫録中
蘇長公謂王子立有致窮之具而與子瞻為親又欲往求魯直其窮殆未易瘳也袁中郎謝於楚歴山草引云詩能窮人似有之管城親而牙籌疎一不合也氣高語華令人自遠二不合也富者厲其惡緍仇之若敵貴者忌其厲官避之若祟三不合也有一於此皆足以窮而

況兼之故云一日執管二日廢餐妻子之所羞而宗黨之所怒也又云於楚不能忍窮幸且焚筆硯余亦從此改業焉兩公之言固亦帶謔而情理最真余一家無他長子姪幼孫皆督之讀書習文藝且嗜清閒而恥俗態典衣購書粗營小築啜苦茗以度日取窮之道莫甚於余而不能改雖然世情不諳走入庸腐一途有終身作老蠹魚而妻子饑寒不能自以全其操於末路者又坐不善讀書之過長公勸蒲正傳語不可不思勿以自悞

而又悮人也

余年十七充邑諸生維時講誦何書游息何處與事何師羣何友朋氏族面貌宛然記憶如昨日事耳徽聞近者膠庠閒禮教揖讓少衰於昔新學小生至與先生抗坐不隅行不隨最下者媢優為偶而酒食為囮此豈盡然萬一有之視三十年前有朱絃疏越之嘆矣此馮具區先生秀水縣學碑中語也當先生時風俗人心猶未甚壞而不滿之辭至形於碑記已如此

博物志載漢公卿送夏侯嬰葬至東都門外馬不前掊地悲鳴得石椁有銘曰佳城鬱鬱二十年見白日吁嗟滕公居此室乃葬之余謂果爾則嬰之葬地必最佳無疑其子若孫應受其庇而弗替矣然按嬰列傳傳國至於夷竈夷竈子共共子侯頗頗於元鼎二年坐與父御婢奸罪自殺國遂除何傷之易也由是觀之家之興廢亦在後人之賢與不肖而已雖得風水何益

張莊懿明進士選碁道御史方廿七歲差山東巡按初

按臨清三朝行香偶酒家酒標掛低了掣落其紗帽時初到官失去元服人以為非吉兆左右為之失色公恬不為意取紗帽戴了竟去明日知州鎖押此人送察院請罪公徐語曰此是上司過往去處今後酒標須掛得高些亦不與知州交一言逕遣出其寬大仁恕如此

明楊玉峯素剛直為郎署過家時喻子乾為松江太守張燕待之喻頗風流與戲子合䴵酒玉峯厲聲曰喻子乾此是何等模樣喻失色玉峯名瑋字伯玉

馮開之先生日記有曰初一日晴佛室禮佛禮祖先及

祭神如常儀云云以余觀之祀祖先禮也至於禮佛祭

神果何佛何神耶人生在世天地君親而外所不可忘

者師耳先生本寒士藉其教以魁南宮號尊宿享湖山

詩酒之樂而不聞一拜於孔子之座下余雖譾劣不能

不以先生為非

元文宗以西僧為帝師師至命朝臣一品以下咸郊迎

大臣俯伏進觴帝師不為動惟國子祭酒富珠哩翀舉

觴立進曰帝師釋迦之徒天下僧人師也予孔子之徒天下儒人師也請各不為禮帝師笑而起舉觴卒飲衆為之栗然

高明者温州瑞安人寓明州櫟社以詞曲自娱因感劉後村之詩死後是非誰管得滿城爭唱蔡中郎之句乃作琵琶記有王四者以學聞則誠與之友善勸之仕登第後即棄其妻而贅於太師布哈家則誠悔之因作此記以諷諫名之曰琵琶者取其上四王字為王四云耳

元人呼牛為布哈故謂之牛太師而伯喈曽附董卓乃以之托名也高皇帝微時嘗奇此戲及登極名則誠以疾辭使者以記上進上覽之曰五經四書在民間譬諸五穀不可無此記乃珍羞之屬俎豆之間亦不可少也於是捕王四置之極刑余録此欲廣其傳庶免蔡中郎無端受屈

許魯齋在中書命牙儈僱一僕役特選一應對閑禮節者進卻之曰止欲老實耳他日引一蓬首垢面而愚騃

之人來遂用之儈問其故許曰諺云馬騎上等馬牛用中等牛人使下等人馬上等能致遠牛中等則馴善人下等則易訓使若聰明過我則反為所使矣余偶有收啞童文意亦主此

明成化間衢州人盧宗善捕盜而有司署為譏察地有劇盜王泰横掠人財為民害宗善以秘計執之泰赴官反誣宗曰我為盜死亦無悔但所刼掠者多入於汝有司莫能辨二人並繫桎梏宗乃仰天訴曰我為官捕盜

本為除害今乃與盜同死何天理乎語畢風雲驟起雷聲一震有巨神持宗臂置於桎梏門外由是釋宗而泰獨棄市

福建延平府杜氏兄弟三人輪供一母然三人各事農業寄三婦以侍養焉子既出三婦輙詬悖相勝致姑飦粥不贍姑欲自縊嘉靖辛卯七月中白晝轟雷一聲祗覺電光紅紫眩目三婦皆變為人首而身則一牛一犬一豕人環視如堵

此以上二事皆載施顯卿奇聞類記皆鑿鑿然有確據者而其一則吾衢事也足見上天之威靈異若是邇來則不善之人所在而有乃不聞雷霆之怒奮於一擊以之示警而受其譴者惟在於蟲蟻木石之類毋亦偶然示儆不欲日日而擊之如蘇洵之所云乎

明歙庠唐臯字守之每以元魁自擬累蹶場屋鄉人誚之曰徽州好箇唐臯哥一氣秋闈走十科經魁解元荷包裏爭耐京城剪綹多唐聞之志益厲至正德癸酉甲

戌連捷經魁以狀元及第年已五十餘矣有志者事竟成豈不信然

幽谷多年滯羽翰泮林今借一枝安世人莫笑頭空白看盡春花雨後殘此明宏治時翰林題白頭翁畫詩以送老儒之以貢授教官者果有意致令録於此

范希榮者文正公之裔孫也其先有為京官者故居京師嘗與他商行貨道遇暴客問之曰汝非秀才乎希榮曰然吾本范文正公之後暴客曰好人子息也凡舟中

之貲悉令認留不取而去

明萬歷間有祝仙人者名籍甚曽退如太史約袁中郎及小修同訪中郎復書曰退如但知官慕神仙不知神仙亦慕官也小修書曰今之所謂仙者分之則山人合之則仙也兩先生言可謂雅謔而實足以醒世人之愚吾鄉數年前亦有其人造言荒謬尤堪嗢噱而鉅公名流亦有從而信之者今聞其入山為緑林豪客之魁矣其人與前仙人為同姓豈其苗裔耶

吴門朱野航葑門老儒也頗工詩在荻匾王氏家教書王亦吴中舊族野航與主人晚酌罷主人入内適月上野航得句云萬事不如杯在手一年幾見月當頭喜極發狂大呼扣扉呼主人起咏此二句主人亦大加擊節取酒更酌興盡而罷明日遍請吴中善詩者賞之大為張具徵戲樂留連數日昔人風流興致有若此者但求主人如王氏者亦何可多得

明顧東江清以解元會魁登第張莊簡公為吏部侍郎

東江首往謁之時尚未考館選莊簡有意欲留吏部語之曰我部中少主事一員令留你在我部中亦好東江曰某是個書生但會讀幾句書耳於政體恐有未諳莊簡曰汝但能照書本上行幾曾見錯了昔趙普自謂以半部論語治天下其言未嘗不是但普之行事未能盡照書本不免負却論語耳

狄襄武曰偶爾遭際焉敢遽附梁公世之士大夫愧此言者多矣不獨郭崇韜令人齒冷也至於不去其涅以

厲將士所見尤遠文人自詡輙云挽三石弓不如識一丁字曾能有此識見否

里人陳宜生以病卒已屬纊妻子焚楮錢環哭將殮矣或捫其胸微煖因灌以藥有頃而甦距今閱六歲強健猶昔余每叩其未甦時得毋苦甚且所見有異於生否陳曰但昏昏如醉夢中耳不甚苦亦無所見也余聽其言為驚異者久之曰陳君正人也其再生也固宜夫病而死死二日而復生在他人必造為冥地之言勾去者

何人所歷者何境閻羅鬼判何狀查其簿籍為善若干事陽壽未終然後釋歸粧點兩日間情景天花亂墜矣陳君但以昏憒了之其賢於世之揺唇鼓舌而不自恧顔者何啻蓬㰜哉葢此等荒謬之言出於文人尤甚姚現聞先生海内鉅儒氣節文章可稱山斗獨怪其喜談禪說集中楓吟陵伽諸種皆言竺乾事點綴津津至為太夫人轉經禮懺以輪迴為果有之事且楓樹堂緣起有云道場既散至次日有孤鶴翔空不去移日始隱

又云大祥禮彌陀懺竣碧落中黃雲彌布作金色世界又忽現紺青殷紅寶色如五色牟尼珠焜燿鑠睛僧衆十四五人皆咄咄嘆未曾有吳梅村白母陳孺人墓誌銘云吾母朱太淑人奉佛受戒三十餘年其終也三子環侍戒弗哭吾母親見旛幢前導諸佛受記而去具載往生録中黃梨洲李是菴傳云是菴欲余作傳以詩壽老母為贊有不惜淋漓供筆墨恭隨天女散花來之句老母常夢注名玉札為第四名天女降謫人世云云此

等言出之方士山人聽者未免掩口諸先生亦作此語耶又屠長卿鴻苞集中記一事尤屬荒唐大約風氣所趨雖賢智亦不能免余何人斯輒敢妄議先輩但恐鉅公之書世所遵信將愈流於異端邪教而不可救耳觀過知仁應貫余罪

關焦鹿先生謂西門豹投巫一事挽習俗之昏回破老奸之心膽千古快人千古快事當為良吏稱首無疑而史遷竟列之滑稽傳內後世小儒固陋無識將遂與優

孟優旃齊視書與毛稚黄先生為之稱究讀史者須具先生眼孔方不至草草看過埋没古人使老子與韓非同傳

辛稼軒觴客滕王閣詩人胡時可通謁閣人辭焉呵詈愈甚辛使前曰既稱詩人先賦滕王閣有佳句則預坐即題云滕王高閣臨江渚衆大笑再書云帝子不來春已暮鶯啼紅樹柳揺風猶是當年舊歌舞遂相與宴而厚賙之又帥浙時朱晦菴張南軒任倉憲使劉改之欲

見辛不納二公為之地云每日公宴至後筵便坐君可來門者不納但喧爭之必可入既而改之如所教門外果喧譁辛問故門者以告辛怒甚二公因言改之豪傑也善賦詩可試納之改之至長揖公問能詩乎曰能時方進羊腰腎羹辛命賦之改之對寒甚願乞卮酒酒罷乞韻時飲酒手顫餘瀝流於懷因以流字為韻即吟云拔毫已付管城子爛首曾封關內侯死後不知身外物也隨樽俎伴風流辛大喜命共嘗此羹終席而散厚餽

焉其喜親文士也如此

唐王起敬歷省寺三任節鎮而昧於理家俸入盡為僕妾所有耆年寒餒至與伶人分月俸以自給明棊尚書有清德家貧婦無裩孫女以飢縊死善噉平生不能饜每市蜆為晚食然往往攜妓泛泊一日不能廢也昔屈建問范會之德於趙武武曰夫子之家事治其祝史不祈坡公謂蒲正傳不作活計多買書畫等物常典錢使勸其宜辦歸老之計不可但謂我有賢子孫不消與營

產業也夫猥瑣者流守不動尊握長生鐵錢子絹孫行同賈豎誠為可鄙然一味慵放迂誕毫無主持初以曠達而誇錦繡之胸後以飢寒而成乞索之面豈若克勤克儉無奢無嗇富而好禮持身有度貧能自立與世無求可以立德可以養生可以成家可以樹品世故多端豈獨樗蒲場上花柳叢中能蕩然家產哉但不可認作問舍求田如眉公所謂使前語醍醐番成毒藥耳

黃九煙先生論取友其略云第一當取有品者其次則

有行者又其次則有學者然三者何可多得則取有才者有才者吾愛之但愛其才可矣不必問其品行并不必問其學也又其次則取有情者平居繾綣患難周旋皆情也顧鍾情之人亦未易數見無已則取有禮者往來交接餽問殷勤雖古之聖賢固當受之何論今日嗟乎取友而至不問其品行可謂愈趨愈下矣況又降而在於情與禮乎先生此言殊不可訓而要非先生由衷之論也先生才異氣高落落難合吕用晦書云九州如

許大竟無處安頓一奇男子真可仰天流涕蓋其滿肚皮不合時宜而為此悲憤牢騷之語若虞仲翔所謂死以青蠅為弔客耳不然王修齡若飢自向謝仁祖索食不須陶胡奴送米而閔仲叔亦不肯以口腹累安邑先生豈至仰愧前人

邵康節有易數一書嘗言天下不可傳此者司馬君寔章子厚耳且以君實不肯學子厚不可學也臨終焚其書不傳蓋温公於物澹然無所好於學無所不通惟不

喜釋老曰其微言不能出吾書其誕吾不信也其見如此豈學術數之書者哉

魏鶴山有云自五帝之說興而上帝之尊稱不同妄人小子輒撰名號以褻天自秦創西畤有白帝之說浸淫為四而漢高又增黑帝為五帝文帝武帝又有新垣平之五帝又有繆忌之五帝又公玉帶汶上明堂之五帝此五帝所由起也云云余觀帝王等號濫觴至後世妄加於天神地鬼忠義節烈之人不啻斗量車載塑像之

千奇百怪於是乎起焉惟明制初建國學革去文廟聖賢塑像皆用木主前代嶽鎮海瀆皆有崇名美號止以山水本名稱其神郡縣城隍歷代忠臣烈士後世溢美之稱悉令革去謝鐸所謂遠過趙宋五事此其一也余以為此等規制真可度越千古後世議禮之家非病狂惑而溺於淫風邪説者必不能改又豈獨超於一代而已哉

袁宏作東征賦不道陶公公子胡奴誘之狹室中臨以

白刃曰先公勲業如是何相忽略宏窘慼無計便云我曾大道公何以云無因語曰精金百煉在割能斷功則治民職思靖亂長沙之功為史所讚云云近有一事可以相配所異者啖之暗室餽以百金耳而讚語之妙使人立地成佛逾表語不啻十倍然則利刃嚇人又不如孔方兄更親熱也要之正以孔方權重嚇人尤甚耳
館閣新書淨本有悮處以雌黃塗之常校改字之法刮洗則傷紙紙貼之又易脫粉塗之則字不没塗數遍方

能漫滅惟雌黃一漫則滅仍久而不脫古人謂之鉛黃
張芸叟作鳳翔吳生畫記秦少游作五百羅漢圖記皆
法韓退之近則魏禧燎衣圖記汪懋麟唐寅高士圖記
俱一時雅搆而魏作尤勝
清波雜志云方務德受知於張全真後每經毘陵必至
張之祠堂祭奠修門生之敬洪慶善嘗入梁企道閤學
幕府後守番陽企道夫人尚在歲時亦以大狀稱門生
展賀張文節知白在贊桑幕下桑識其必貴祥符中文

節為京西曹桑已死奏乞每遇寒食至桑墓拜掃狀武襄青受范忠獻之知每至范氏必拜於家廟入拜夫人甚恭以郎君之禮事其子弟余生而孤又貧甚以諸生受當事諸尊師青眼最多而碌碌無成靡有毫髮之報見以上數公事真堪愧死

世之文章有貴而名者有挾科第而名者有挾他技如書畫之類而名者有中於一時之好而名者有依附先達假吹嘘之力而名者有務為大言樹門户而名者有

廣引朋輩互相標榜而名者邇來狙儈賈豎以金帛而買名淺夫狂豎欲用詈罵謗訕以脅士大夫而取名可恨哉此王元美先生語也後二者其心愈陋其計愈險尤為正人君子所甚鄙

孟獻子以其子不儉因之七日敬姜以其子不恭遜之五日

張湛目痛方損讀書一減思慮二專內視三簡外視四旦晚起五夜早眠六凡此六物熬以神火下以氣簁蘊

於胸中七日然後納諸方寸修之一時近能數其目睫遠視尺箠之餘長服不已洞見墻壁之外非但明目亦且延年

歐陽公手植柳一株於揚州之平山堂故其詞有手種堂前楊柳别來幾度春風之句人謂之歐公柳後薛嗣昌作守相對亦種一株自榜曰薛公柳人莫不嗤之嗣昌既去人遂伐之世人不自度德而妄尊髙者多如此類雖老大者亦犯此病不獨年少無知輩也

從來山人方士故挾其技以驕人其大言不慚真如冀土耳不知有何足重而世之鉅公名流往往墮其術中而不悟真可怪異宋有史延壽者以善相遊京師貴人多延之視貴賤如一坐輙箕踞爾我人號曰史不拘呂文靖公嘗邀之延壽至怒閽者不開門閽者曰此相公宅雖侍臣亦就客次延壽曰彼來者皆有求於相公我無求相公自欲見我耳不開門我竟還矣閽者走白公開門迎之燕笑録謂其挾術以遊無心於用舍故能自

重也如此以余觀之所稱無求於人者必潛踪滅影入山惟恐不深者耳既稱善相而又遊於京師其意安在蓋其面目肺腸言談舉止無非巧於籠罩愚弄世人以遂其所欲者乃謂之無求而列於高逸之類可乎至於文靖位至宰輔而尚邀此輩於座而迎之惟恐後又將何為甚矣可笑亦可怪也

韓昌黎作原道以闢異端為主其諫迎佛骨表義正詞嚴不避犯顏之罪何其壯也及貶潮州位居刺史儘可

自安乃表謝乞憐至有作為詩歌薦之郊廟紀泰山之封鏤白玉之牒等語又何與生平所自命者大相反耶他如三上宰相書亦不免北斗泰山聲價畧減

葬師之言最不可信昔蔡京父葬平山山為駞形術家謂駞負重則行故作塔於駞峯而其墓以錢塘江為水越之秦望山為案可謂雄矣然富貴旣極一旦喪敗幾於覆族而不能復振家之興墜豈風水所能為政乎

王維愛孟浩然吟哦風度繪為圖以翫之李洞慕賈島

詩名鑄像事之謂之賈老佛張籍取杜詩一帙焚取灰副以膏蜜飲之曰令吾肺腸從此改易潘閬以詠潮著名則有人以輕綃寫其形容謂之潘閬咏潮圖李遵勗宗楊億為文於第中築室塑像晨夕申函丈之禮刻石為記昔之敬禮詩文者專懇若是雖出一時之意見亦由其心甚虛故也試問後世尚有此等性情之人否

吾邑趙清獻公宦迹半天下所行事蹟載於昔人筆墨者不能盡録其在成都時人但知其一琴一鶴事耳至

於出行部内惟攜一琴一龜坐則看龜與鼓琴嘗過青城山遇雪舍於逆旅逆旅之人不知也或慢狎之公頗然鼓琴不顧此事見於墨客揮犀亦後人所未盡知也

人性好惡偏忌雖中人以上不能變石璞太保寇莊敏左憲年尚書富皆一時顯官重任三人皆不由甲科皆不喜進士石在工部遇觀政進士如無人郎中龐勝言年尚書一日越常規於考滿主事三人各考論一道稍劣者輒叱曰爾進士為此文耶展毓御史亦言寇公考

進士問刑者詬罵不已至屢有撻辱而遇監生則溫然改容導之此水東日記所載也近日郡侯綏山雷公以乙榜起家亦不喜進士有言及者輙瞠目曰甚麽進士葢輕之也余謂進士舉監原不必分類顧其人品學問何如耳進士舉監豈盡可重又豈盡可輕者哉葢過於重進士者固非過於輕進士者亦未為是也

蘇東坡在黃即坡之下種稻為田五十畝牧一牛一日牛忽病幾死呼牛醫療之云不識症狀王夫人多智多

經涉語坡曰此牛發痘斑法當以青蒿作粥啖之如言而效嘗舉以示章子厚曰我自謫居後便作老農更無樂事豈知老妻猶能接黑牡丹也俗呼牛為黑牡丹子厚曰我更欲留君與語恐人又謂從牛醫兒來姑且去遂大笑而別

邵康節與韓公在洛每日晴必同行至僧舍韓公每遇佛寺神祠必躬身致敬康節先生笑曰毋乃為佞乎韓公亦笑自是不為也

吕晦叔富彦國皆好佛晦叔為中丞一日報在假館中諸公因問何事在假時劉貢父在座忽大言今日必是十齋日蓋指晦叔好佛也洛中有一僧欲開堂説法司馬公夜過邵堯夫云某聞富彦國吕晦叔欲往聽此甚不可但晦叔倭佛已不可勸人亦不怪如何勸得彦國堯夫曰已日暮矣姑任之明日二人果皆往月餘彦國招數客共飯堯夫在焉因問彦國主上以裴晉公之禮起公公何不應命又聞三遣使至公皆卧内見之彦國

曰衰病如此其能起否堯夫曰上三命公不起一僧開堂以片紙見呼即出恐亦未是彦國曰弼亦不曾思量至此

學者惟客氣與勝心最為悞事少時讀書即聞有朱陸之辨而不知其詳及讀王陽明先生與徐成之書以為晦翁與象山均屬聖人之徒本無甚異而兩家弟子之論若出於求勝求勝則是動於氣也動於氣則於義理之正何啻千里而又何是非之論乎其中反覆論辨情

理最明其書具在分門别户者取而讀之當自笑其啜啜之無謂也余謂牛李洛蜀之爭亦坐此病明季之東林亦復不免

李沆為相接賓客常寡言外議以為無口瓠沆曰國家大事北有契丹西有夏人日旰條議所以備禦之策非不詳究薦紳如李宗諤趙安仁皆時之英秀與之談皆不能啟發吾意自餘通籍子起坐拜揖尚周章失次即席必自論功最以希寵獎有何策而與接語苟屈意妄

言即世所謂籠罩也李公此語未免輕薄然孔子不云侍於君子有三愆乎士君子立身行己自有本末形於言論舉止之間而不得其序其人可知矣不屑與之言皆其自取於李公何尤

世有所謂三姑者尼姑道姑卦姑也有謂之六婆者牙婆媒婆師婆虔婆藥婆穩婆也此外又有繡花娘者以善鍼刺出入人家因請以教道閨女他日多被引誘成花娘者也有揷戴婆者富貴大家婦女赴人之筵席金

玉珠翠首飾甚多自不能簪粧則專倩此輩為之插戴者也更有瞎先生者乃雙目瞽女自幼學習小說詞曲彈琵琶為生多有美色精伎藝善笑謔可動人者大家婦女驕奢之極無以度日必招致此輩養之深院靜室晝夜狎集晏飲謂之曰先生如杭之陸先生高先生周先生之類及南唐女冠耿先生者是也以上數種專以淫詞褻語誆騙人家婦女為其所誘者多致敗壞門風不可收拾留青日札中言之甚詳閑有家者見之當不

嗇如避蛇蝎不容入門方成人家請勒此數行為主持門内之第一義

宋李邦彦家起於銀工既貴其母常語昔事諸孫以為恥母曰宰相家出銀工則可羞銀工家出宰相正為佳事何恥焉朝野遺記謂其母殊有高見而甚不然夫邦彦者非當日所稱浪子宰相乎以蹴毬唱曲之人位至宰輔可鄙極矣安在其為佳事也為之母者當責之以大義勿為諂臣媚子以貽門第羞而其言顧淺陋若是

亦不出工匠家婦人之見而已矣焉足取

齊家最難事也唐士大夫家禮法最嚴以柳公綽仲郢為稱首仲郢子珪擢為右拾遺宏文館學士給事中為給事中駁還曰陛下高懸爵位本待賢良珪家居不稟於義方奉國豈盡於忠節仲郢上表稱子珪才器庸劣不合塵玷諫垣若誣以不孝即冤屈為甚柳公權又訟侵毀之枉上命免珪官且在家修省以柳氏之門而有子如是況漫無庭訓者乎父兄之教不先子弟之率不

謹易曰閑有家又曰家人嗃嗃悔厲吉不可以不三復也

錦川石之在土中其始一墩耳傳之既久忽以為古塚又忽以為郭璞墓又忽以為石将軍墓愈傳愈訛愈訛愈怪語云字經三寫烏焉成馬事之久而不可信者大約如是皆起於庸妄無識及好事之徒慮其所為之不善也欲媚鬼神以祈祐而是非真偽俱所不遑計如市井中人酒保則祀杜康屠户則祀樊噲而豢牛者以冉

伯牛為牛王賣菜者以蔡伯喈為園主鬻茶者以陸羽為茶臣陶其像置煬器間有交易則祭之無則以湯沃之其可笑至此雖然此輩日不知書猶不足怪也乃有峨冠博帶通今博古之名流鉅公而亦不免隨波而逐浪焉嘻異哉

昔之正人君子類多古道因過録載柳元公善張尚書正甫元公之子仲郢嘗遇張於途去蓋下馬而拜張止之不獲他日張言於元公曰壽郎相逢其謙太過元公

作色不應久之張起去元公謂客曰張正甫與公綽往還欲使兒於街中騎馬衝公綽耶此人亦不足與語張聞之拜謝以余觀之壽郎仲郢小字也正甫於其父前直呼之亦已難矣而元公猶以為可怪使其見今人之待父執者將何如也噫

魏武帝欲用孔明遣使徵之孔明自陳不樂出身則謝之而不相强欲用雲長察其無久留之意使張遼說之乃自陳願歸先主則聽之而不加害楊升菴謂其真有

君人之度不止雄於三國而已又其家法迄文帝思王皆不為邪教所惑而見於詩歌論議之間亦不可及其欲用孔明事見抱朴子

山陰劉念臺先生有紀過格一曰微過獨知主之二曰隱過七情主之三曰顯過九容主之四曰大過五倫主之五曰叢過百行主之六曰成過為衆惡門以克念終焉其間條分縷析皆吾人最關切最真實之事之理幸於趙玉峯撫臺敬一録中見之學者不可不全録一通

置之案頭以自警

蘇東坡祖名序故為人作序皆用敘字又以為未安遂改作引而謂字序曰字說張芸叟父名蓋故表中云此乃伏遇云云今人或效之皆非也

欽定四庫全書

雙橋隨筆卷七

鳳縣知縣周召撰

晉宋時人雖放誕不羈而情關父子處天性切摯亦可以覿如謝虎子嘗上屋燻鼠其時既無由知父為此事聞人道癡人有作此者戲笑之時道此非復一過太傅既了己之不知因其言次語其子曰世人以此謗中郎亦言我共作此其子懊熱一月中閉齋不出桓南郡船

泊荻渚王大服散後已小醉往看桓桓為設酒不能冷飲頻語左右令温酒來桓乃流涕嗚咽殷仲堪父病虚悸聞牀下蟻動謂是牛鬭孝武不知是殷公問仲堪有一般病如此否仲堪流涕而起曰臣進退惟谷宋武帝嘗稱謝超宗有鳳毛右衛將軍劉道隆在座出候超宗曰聞君有異物欲覔一見謝曰懸罄之室何得異物耶道隆武人正觸其父諱曰方侍宴至尊説君有鳳毛謝徒跣還内此數公當日情事使今人處之未必如此

唐人喜撰小説如雲溪友議之類誕妄不經其所載李羣玉一事罪過尤重羣玉題黄陵廟詩曰黄陵廟前春已空子規滴血啼松風不知精爽落何處疑是行雲秋色中李公自以春空便到秋色躊躕欲改之乃有二女郎見曰兒是娥皇女英也二年後當與郎君為雲雨之遊李君遂悉其所陳俄而影滅遂掣其神塑而去至潯陽見段成式具述此事成式戲之曰不知足下是虞舜辟陽侯也羣玉題詩後二年乃逝於洪井按帝堯釐降

二女于溈汭所以觀厥型也非尋常女子可知且舜三十徵庸三十在位五十載陟方乃死是舜死時二后皆逾髦年矣後世竹淚之説比於紅顔形之咏歌極其猥媟如雲溪子所載汚衊難堪令人張目此皆立廟塑像者造孽非凡以至此讀明莊儼然之句可知矣然在村婦田氓尚不足怪號為文士而播弄筆尖比於嬉戲褻慢聖神莫此為甚此等紀載之書付之祖龍一炬可也呂文靖生四子公弼公著公奭公孺皆少時文靖與夫

人語四兒他日皆繫金帶但未知誰作宰相吾將驗之他日四子居外夫人使小鬟持四寶器貯茶而往教令至門故跌而碎之三子皆失聲或走歸告夫人者獨公著凝然不動文靖謂夫人曰此子必作相元祐果大拜朱晦菴答或人論心之問曰心之虛靈無有限量如六合之外思之則至前乎千百世之已往後乎千萬世之未來皆在目前又曰人心至靈千萬里之遠千百世之上一纔發念便到那裏神妙如此却不去養自旦至暮

只管展轉於利欲之中却不知覺此説論心極透内反者不可不知

李紳在鎮有老僧詣謁願以因果諭之紳問阿師何處來答云貧僧從來處來遂決二十曰任從去處去待此等僧法應如此而雲溪友議謂其貧遊惠山寺屢以佛經為文稿被主僧毆打故終身憾焉抹却短李惡僧本意矣

唐南中丞卓吴越遊學十餘年衣布衣乘牝衛薄遊上

蔡蔡牧待之似厚而為客吏阻難每宴集令名則云南秀才自以衣冠不整稱疾不赴南生羈旅窮愁似無容足之地惟城南鬻飯老媼待之無厭色後亦為蔡牧遂戮仇吏而報飯媼焉明侍郎孔公鏞為諸生時家赤貧饔飧不給每詣學則買二飯充饑五聖閣有道媼見其旦晚經門一日迎入問故公以實告媼心憐之謂曰吾家晝則有齋夜則有燈秀才肯僑居此乎公從之遂得肆志於學後舉進士歸媼已死公斬衰冠送葬焉巾幗

老婦中反多慧眼若此

謝在杭曰唐武宗會昌投龍文自稱承道繼玄昭明三光弟子南嶽上真人宋徽宗羣臣上尊號爲玉京金闕七寶元臺紫微上宫靈寶至真玉宸明皇天道君其上章青辭自稱奉行玉清神霄保仙元一六陽三五璇璣七九飛元大法司都天教主噫莫尊於天子百神皆受號令者也而反屈萬乘之稱從黄冠之號不亦兒戲狂惑之甚哉其後會昌旣變起幕帷而宣和亦身膏沙漠

九天道教何無感應若是哉又曰古今奉佛之主莫甚於梁武帝唐懿宗奉道之主莫甚於唐武宗宋徽宗求仙之主莫甚於秦始皇漢武帝然大則破國喪身小亦虛耗海内惟崇儒重道之主安富尊榮四海乂安而世之人君往往不以彼易此何也噫無論人君即士君子讀六經傳注以取科第而其後也不有非毀先儒棲心釋老者乎背本不祥反古不智是名教之罪人也先生此等議論有裨於世道人心不小然其論觀音真武及

人死為閻羅王玄壇神以黑虎變蟋蟀等事若以為實有者又何淺鄙之甚也所見若此屠緯真若談前生之說又何足怪其所載張真人治狐妖事尤屬荒唐

張子韶九成射策集英殿直陳時事極其剴切高宗感其言擢置第一曰九成文雖不甚工然上自朕躬下逮百執事之人無所迴避擢置首選誰謂不可當九成之對策也至晡未畢貂璫促之九成曰未也方談及公等其言劉豫則比之狐貍鵂鶹或傳以示豫豫不勝憤膀

之康莊手劍以屬刺客衆為寒心九成曰欺天罔人惡積禍稔殆自斃矣後因陛對高宗語之曰逆豫牓卿廷策謀以致害非卿有守豈能獨立不懼故制辭有逆賊聞風而悚懼之語九成慷慨論列讀其策至今凜凜猶有生氣在宋人制策中指難多屈也

士大夫與人論事當心平氣和不可過激明道先生在熙寧之際惟異於好直者必欲力攻以取勝故王安石多為之動嘗被旨赴中書議事安石方怒言者厲色待

之先生徐曰天下之事非一家私議願公平氣以聽之安石愧屈又曰熈寧初介甫行新法並用君子小人君子正直不合介甫以為俗學不通世務斥去小人苟容諂佞介甫以為有才能知變通用之君子如君實不拜同知樞密院以去范堯夫辭同修起居注得罪張天祺監察御史面折介甫被謫介甫性狠衆人皆以為不可則執之愈堅君子既去所用皆小人爭為刻薄故害天下益深使衆君子未與之敵俟其勢久自緩委曲平章

尚有聽從之理俾小人無隙以乘其害不至如此之甚也又曰新政之改亦是吾黨爭之太過成就今日之事塗炭天下亦須兩分其罪可也此語極中言路之病石守道諸公所以不免壞事之譏也

人之愛其妾也甚於妻故諺云妻不如妾夫妻子備而孝已衰況肯嚴於治妾以奉其親乎甚矣李于鱗先生之孝也先生生平極愛蔡姬蔡姬必侍太夫人匕箸一日手製小食上之太夫人不下箸先生目攝蔡姬叱令

噉盡蔡姬即時跽而謝無狀先生稍解夫世之尊先生者但以其文耳而不知其孝也如是奈何不永其傳而使人有天道無知之歎悠悠彼蒼安得叩關而問之

往余過介休見郭外屋燬於火皆神廟也土木之像金身粉貌狼藉瓦礫場中不啻焦頭爛額而旁有字數行云本里擇某日祈神禳火云云余不覺失笑吾鄉目前之苦野廟叢祠皆罹兵燹村落有僅存者輙誇以為本境神明助佑之力蓋四鄉所奉之神無非徐王令公姓

名面貌皆一人也奈何靈於此而不靈於彼乎況在彼之廟貌血食尚有盛於此者乎或曰聞之某郡城東西門皆有關帝之祠東門迎過西門必投一侍教生帖而後去西門之迎也亦然然則關帝尚可分為二霸王令公之不同也又何足怪

陳眉公巖棲幽事云凡山居設經籍機杼以善俗訓家備藥餌方書以辟邪衛疾儲佳筆名繭以點繪賦詩留清醪雜蔬以供賓獨酌補破衲舊笠以犯雪當風蓄綺

石奇墨古玉異書以排閒永日製榔絮枕蘆花被以連牀夜話狎黄面老僧白頭漁父以遣老忘機

讀書須聰明几淨時時拂拭案頭架上位置楚楚不可狼籍無次黄山谷誡子弟云吉蠲筆墨如澡身浴德指拭几硯如改過遷善敗筆涴墨矚子弟職書几書硯自黥其面惟弟惟子臨深戰戰此書室銘也敬以書紳庶不犯涴俗主人之意

李及知杭州日市白集一部乃為終身之恨郎基清慎

無營嘗曰任官之所木枕亦不須作況重於此乎惟頗令人寫書樊宗孟遺之書曰在官寫書亦是風流罪過基答曰觀過知仁斯亦可矣余性極嗜書及知鳳縣但有荒山确石耳無書可市亦無市書之具無書可寫亦無寫書之人欲學兩公而不能無恨并無罪過蓋地方使然雖欲不爾不可得非敢自以為清也每以語客為發一粲

孫莘老知福州時民有欠市易錢繫獄甚衆有富人出

錢五百萬葺佛殿請於莘老莘老徐曰汝輩所施錢者何也衆曰願得福耳莘老曰佛殿未甚壞佛又無露坐者孰若以錢為獄囚償官逋使數百人釋枷鎖之苦其獲福豈不多乎富人不得已諾之即日輸錢囹圄遂空

歸田録云太祖初幸相國寺至佛像前焚香問當拜與不拜僧録贊寧曰不拜問其何故對曰現在佛不拜過去佛帝微笑而頷之遂為定制至今行幸焚香皆不拜也議者以為得禮余以為并寢行幸焚香之舉為是而

歐公亦僅以不拜為得禮耶

董遐周吹景集中所徵糖字甚多多出僻書又馴雅後有補入唐以後事者更成後勁試閱之不但枵腹枯腸徒有望洋之歎即滿架牙籤俱經寓目未能也人奈何輕言博覽

趙子固至昇山下舟覆手擎定武揭立水中大呼曰帖在此他物盡失無妨也庾詵愛林泉嘗遇火止出書坐於池上曰惟恐損竹鍾情若此有似於癡然雅人深致

千載如見董遐周謂其差勝悠悠者以七尺軀殉胡椒八百斛也信然

范文正公鎮越民曹孫居中死於官其家大窘公乃以俸錢百緡賙之為具舟擇一老吏送其舟且題詩曰一葉輕帆泛巨川來時暖熱去涼天關防若要知名姓乃是孤兒寡婦船公好義若是麥舟之贈乃家教使然陳咸不聽教誨之言觸屏風睡崔烈子惡其銅臭貽謀不善至為其子所譏然世少象賢之子雖家言世範累牘

連篇而終不能挽回其不肖者何也

張士誠據吳中東南名士多投之不可致者惟楊廉夫一人士誠無以為計一日聞其來吳使人要於路廉夫不得已乃一至賓賢館中士誠聞廉夫至甚喜即命飲以受賜之酒酒未半廉夫作詩云江南歲歲烽烟起海上年年賜酒來如此烽烟如此酒老夫懐抱幾時開士誠知其不可屈不强留也士誠一販負人耳乃能折節下賢而不奪其志勝夫世之坑儒溺冠謾罵而蔑視之

者多矣

李笠翁一家言有辯煞説一篇其始以煞為必無而究主於調停則為篮期陳牲於庭以逐之此其説與子謂之姑徐徐云爾者何異余以為吾輩論事亦斷之以理而已人死而有煞此理之必無者也何也凡人與物之在天地間也得氣而生氣盛而壯氣衰而老氣竭而死故曰生寄也死歸也本義曰游魂魄降散而為變鬼之歸也易曰原始反終故知死生之説記曰神氣歸於天

形魄歸於地身既歸矣其生也自無而有其死也自有而無矣又何自有神焉而且分為雌與雄者依於其人以作祟哉此等不根之語皆僧道陰陽家造為題目以賺人如吾鄉遣煞關殃接七撞七判斛奔五方遊十殿之類無不可笑乃習俗相沿不行者必以為怪考之於古居喪之制何嘗有此而不聞讀禮之聲但守狗時之見往者余居太孺人暨伯氏之喪亦不得不踵而行之蓋吾母吾兄而亦不獲用吾情矣盧承慶曰死生至理

猶朝有暮吾死斂以常服葬勿卜日余與兒輩約凡世族荒唐之舉一槩屏絶此余生平所最惡而沾沾以為獨立不懼者萬勿徒畏人言反使泉下之人為之頓足而張眼

金聖歎說快云寒士來借銀謂不可啓齒於是唯唯亦說他事我窺其苦意拉向無人處問所需多少急趨入內如數給與然後問其必當速歸料理是事耶為尚得少留共飲耶不亦快哉此一快余初歸里時有之而未

嘗待其來借也但諸君不能治生隨手散去數有買菜之益究亦無補安得呂純陽一指點石為金使天下寒士皆歡顏而余亦為之暢然無憾也哉

作詩最難事也唐子西云吾於他文不至蹇澀惟作詩甚苦悲吟累日僅能成篇初讀之未見可羞處姑置之明日取讀瑕疵百出輒復悲吟累日反復改正比之前時循循有加焉復數日取出讀之疵病復出凡如此數四方敢示人然復不能奇也李賀母責賀曰是兒必欲

嘔出心肝乃已非過論也今之君子動輙數百言略不經意不甚可愧哉子西此言真惡作詩痛癢者世人刻燭扣銅盆計步乂手但取捷而語未工皆為曹温諸公所誤耳

唐德宗初政美處亦多齊總掌後務以刻剥求媚擢為衢州刺史給事中許孟容封還詔書曰衢州無他虞齊總無殊績忽此超奬殊駭羣情若有可録願明書勞課然後超改以解衆疑詔遂留名孟容奬之

吐突承璀盛修安國寺奏立聖碑先構樓請勅學士撰文欲以萬緡酬之帝命李絳為之絳言堯舜禹湯未嘗立碑自言聖德惟秦始皇刻石高自稱述未知陛下欲何所法且叙修寺之美豈所以光聖德耶帝命曳倒碑樓承璀言樓大請徐毀撤帝厲聲曰多用牛曳之承璀乃不敢言凡用百牛乃倒

自昔大家婦女有最賢者唐節度使李光進與弟光顏友善光顏先娶其母委以家事母卒後光進乃娶光顏

使其妻奉管鑰籍財物歸於其姒光進反之曰新婦逮事先姑命主家事不可易也因相持而泣此雖係光進兄弟友于之愛甚篤然亦室中之婦皆能聽之無間言以視世人閱牆之變多起於長舌為厲階者其賢不肖相去何如也至於光進恪遵母命其為孝子抑又可知矣

嚴平子語録士君子修身如塑像然形容既定時復增損脱換以求可觀於世薛諧孟評云三代以上多是追

金琢玉各成模範三代以下則如泥塑塗金耳雖然亦有之孔明君實元晦金鑄長源子瞻輩玉刻故皆萬古

韓退之木居士詩偶然題作木居士便有無窮祈福人蓋當時以枯木類人形因以乞靈也今在衡州之耒陽縣北沿流三十里鼇口寺至今人祀之元豐初年旱暵縣令禱之不應為令析而焚之主僧道符乃更刻木為形而祀之張芸叟南遷郴州過而見之題詩於壁云波穿火透本無奇初見潮州刺史詩當日老翁終不免後

來居士欲何為山中雷雨誰宜主水底蛟龍睡不知若使天年俱自遂如今已復長孫枝予每憤南方淫祀之多所至有之陸龜蒙所謂有雄而毅黝而碩者則曰將軍有溫而愿晳而少者則曰某郎有媪而尊嚴者則曰母有婦而容艶者則曰姑而三吳尤甚所主之神不一或曰太尉或曰相公或曰夫人或曰娘子村民家有病不服藥劑惟神是視必先禱之謂之問神茍許其請雖冒險以觸憲網必為之倘不諾其請卒不敢違也凡禱

必許以牲祀謝所費不貲禱而不驗病者已殂猶償所許之祭曰勿償其禍必甚無知之俗以神之捍災禦患為可畏惴惴不敢少懈也豈獨若是乎近者士大夫家亦習此風稍有識者心知其非而見女子之易惑故牽於閨幃之愛亦遂徇俗殊可駭歎且神聰明正直而一者也豈有以酒食是嗜而竊禍福以饕餮於愚魯之民豈所謂聰明正直者耶至於嶽也瀆也古先賢德有功於人載在祀典血食一方者吾敢不欽奉之乎所謂郎

者姑者安能禍福於忠信之士吾所未信也世豈無狄梁公爲一華之居士既爲令之所焚矣彼庸髡者復假託以惑衆則尤可笑云此宋張邦基墨莊漫録中所載又載衢州一事云衢州廳事下有土勢隆起篠本叢生相傳云古塚也舊有碑其文云五百年刺史爲吾守墓以此前後相承皆畏而不敢慢紹聖元年齊安孫賁公素爲守問之左右以是對公命毀去之官吏大恐闔府叩頭以諫公曰籍令土中有賢者骨當以禮法遷之乃

為文自祭而除之了無他異但有二石峰長五六尺堅瘦甘潤又有大木之根盤踞其下羣疑遂定石上有刻云乾符五年五月三日安於此押衙徐諷龍山起此石刺史李瑴題又刻云開寶七年重疊峨嵋山於廳事前於郡齋文會閣移李公之石安置於此刺史愼知禮題時公素方修州治南韶光園重建清冷臺堂成乃移二石於堂下名曰雙石嗟乎愼公移石去李公之得石凡九十七年公素之破疑塚出石去愼公又一百二十一

年物之顯晦抑自有數第不知峨嵋之廢乃冒塜之名自何時也公素一旦嬉笑為之遂釋千百年之惑張芸叟有詩云芝蘭雖好忌當門何況庭前惡土墩畚鍤纔興雙劍出狐狸盡去老松蹲百年守塜真堪笑一日開軒亦可尊安得擲從天上去成都石笋至今存公素可謂剛毅正直自信之君子也張公所記二事皆可以醒世人之惑於邪説者所關非淺乃衢治古塜之誤不過一石已經孫公移置無復可疑矣後歷年稍遠又爾傳

訛復以為郭璞墓也至明郡守李公遂始出其石發去
而為之記曰衢治廳事之前有封嶄然蔭以竹樹高與
堂等隅離中外莫可洞視即數十人聚論背立無覺也
傳云郭璞墓發之者於守輙不利更數百年莫之決也
嘉靖戊戌豐城李遂守郡事惡其當面如樹塞也視之
曰郭公忠而被戮捐軀江東不當與公從爭出入為胥
吏獘藪也乃啓視之中有錦川石二狀如筍高可丈許
且其碑云唐刺史得而翫之封以去後即其言封處植

竹木因以為郭璞墓云嗚呼禍福之移人也豈必庸衆人哉景純死地葬處學士類能言之而積疑習舛歷千百年愈益固則不利於守之語有以繫之耳是故自私自利之心勝而禍福之説售禍福之説行而是非謬即目前顯設猶復譸張矧地中之蓋藏乎然李公愛石遺訛妨公惑聽亦可為玩物之戒也云云嗟乎一石之微耳自乾符迄於明嘉靖不為不久經數公移置著其事於詩與記不為不詳謂可以解愚人之惑而釋後世之

疑矣乃終不能置而又建其祠于府署傍牓曰石將軍
廟彼雄而毅黝而碩者為將軍猶有其形在也今則頑
然二石且又發去而又忽謂之將軍立祠以祀出於何
典耶人之可笑一至於此因讀木居士詩并及吾衢移
石事備書之以竢世之能為孫李二公者
唐太和中李德裕鎮浙西有劉三復者少貧苦學有才
思時中人賚御書至以賜德裕德裕試其所為謂曰子
可為我草表能立就或歸以創之三復曰文理貴中不

貴其速德裕以為然三復又請曰漁歌樵唱皆傳公述作願以文集見示德裕出數軸與之三復乃體而為表德裕嘉之因遣詣闕求試果登第歷任臺閣三復没後其子鄴勅賜及第登廟廊上表雪德裕以朱崖神櫬歸葬洛中報其先恩也士大夫美之

宋范延貴為殿直押兵過金陵張忠定公見為守因問曰天使延路來曾見有好官員否延貴曰昨過袁州萍鄉縣邑宰張希顔著作雖不識之知其好官員也忠定

曰何以言之延貴曰自入萍鄉縣境内驛傳橋道皆完葺田萊墾闢野無惰農及至邑則廛肆無賭博市易不敢喧爭夜宿邸中聞更鼓分明以是知其必善政也忠定大笑曰希顔固善矣天使亦好官也即日同薦於朝此事載東軒筆録中余閲之亦大笑曰忠定亦好官員也非延貴則不知希顔非忠定則又不知延貴矣使為官者皆能若是天下豈愁無好官員而百姓寧有不得其所者哉

以子冠氏子者男子通稱孔子大聖孟子大賢例則稱子孔子復號夫子者邢昺孝經疏云孔子嘗為魯國大夫故弟子連官稱尊之以別餘人也後之尊師者因例曰夫子近時朱文公稱周程特曰子周子程子復於姓上繫子按公羊傳其曰子沈子子司馬子何休釋云加子姓上名其為師也若非師而但有德者不以子冠氏朱子於周程蓋尊師之

本朝以居士稱者實繁即孟子所謂處士也六經中惟

禮記玉藻有曰居士錦帶注道藝處士也居士之名昉此此語載宋蕭參希道録中乃後世似以喜尊二氏之教與緇黄相契者為居士林下尊宿多以自稱又非古昔命名之意矣

李賀舉進士有名與賀爭名者毀之曰賀父名晉肅賀不舉進士為是勸之舉者為非聽者不察唱而和之同然一辭宋郊為知制誥仁宗便欲大用有忌其先進者譖之謂其姓符國號名應郊天又曰郊者交也代替之

名也宋郊其言不祥仁宗遽命改之韓退之為之辯其理始明仁宗為人所惑而郊名遂改世之小人雖極險惡以正理折之亦何能為然為辯者少而為所惑者多也奈何哉

留青日札云吾鄉有田名白雲宗蓋洪武初抄沒元僧之產也元有帕克思巴號金童少長學富五明故又稱曰巴喇密特及卒賜號皇天之下一人之上宣文輔治大聖至德普覺真智佑國如意大寶法王西天佛子大元帝

師至治間特詔郡縣建廟通祀泰定元年又頒各行省為之塑像二年西臺御史李昌言西番僧佩金字圓符絡繹道途騶騎累百傳舍至不能容則假館民舍因迫逐男子奸污婦女白雲宗白蓮宗頗通奸利云云蓋僧之為害如此而有國者不知禁且崇事之不亦過甚矣乎

傾囊而付子難承養志之歡繼世而同居漸有鬩牆之隙四語透徹人情非身歷其境者不能道出

儒教實以其實實天下之虛禪教虛以其虛虛天下之實陳白沙詩云六經皆在虛無裏是欲率古今天下而入禪教也豈儒者之學哉此楊升菴語也極切明時講學先生之病

隆萬以來異學之害日熾武康程叔明送盧新菴集序中言之最詳其略謂耿天臺言學楚中謂孔子素王釋氏空王合儒釋而並尊之天臺之作俑也李載贄師之專言陰隲之事止以其身為緇流害猶未甚管登之師

之為之押闔其說以為佛老二宗異吾夫子之身綱常同吾夫子之言性道性道難聞而於竺經聞所未聞當與周易詩書並傳者也嗟嗟自古惑世誣民有至此極者哉今其說浸淫宇内學士經生往往喜其不經之談爭奔走之飯僧放生之事家傳而戶習之矣不佞菲才綿力恨不能息邪說以正人心不知將何底極心竊憂之云云其言痛切之甚可以為時氣一砭全篇載金華誌中

雙橋隨筆卷七

欽定四庫全書

雙橋隨筆卷八

鳳縣知縣周名撰

凡人作用可預卜於無事之日謝玄之伐苻堅也論者以為必濟蓋觀其平時履屐之間皆得其任耳悠悠忽忽土木形體此輩人正當束之高閣況曹蜍李志奄奄如在泉下者乎

漏泄陽春參娘搬販至今未休吐百種鄉談千般扭扮

一生人我幾許機謀有限光陰無窮活計汲汲忙忙作馬牛何時了覺來枕上試聽更籌古今多少風流想蠅利蝸名誰到頭看昨日他非今朝我是三迴拜相兩度封侯採菊籬邊種花圃内都只到邙山一土邱惺惺漢皮囊扯破便是骷髏此元吳仲圭畫骷髏而題其上者先生以畫為元四大家之一而又能詩能書讀此辭董元宰稱為錚錚人物不虛也余慕先生久而於去歲幸獲其真蹟一卷前書篔簹谷記而以偃竹數種繼之咏

以絶句真墨寶也余珍之甚而今春忽遭瑣尾之憂未卜可與趙子固水中禊帖共稱無恙否暑極讀先生見徹之語如身濯冰壺中因并記之以示後人之善收藏者

明宣廟時兩宫火藏金流入銅中鎔而為爐故後世偽造者迥不能及余於漢中得宣爐一或以為真物也余不能辨當珍之以俟賞鑒家耳

袁忠徹二壻一為盜死獄中一覆舟死於水二女皆寡

忠徽每談相則妻必叱云莫訛言且相壻之目何在曰吾能人相不能天相也然則不能天相可見死生禍福權在於天而人不能與亦惟修身以俟之而已又何必紛紛然以風鑑鳴於當世也哉

吕文穆公未第時薄遊一縣胡旦方隨其父宰是邑遇吕甚薄客有譽吕曰吕君工於詩宜少加禮胡問詩之警句客舉一篇其卒章曰挑盡寒燈夢不成胡笑曰乃是一瞌睡漢耳吕聞之甚恨而去明年首中甲科使人

寄語胡曰瞌睡漢狀元及第矣胡答曰待我明年第二人及第輸君一籌旣而次榜亦首選兩人相見俱甚赧余謂此等氣量此等口吻殊爲可笑如淺狹輕狂之輩時或有之胡旦不足惜豈有重厚如文穆而與人爭長論短不能自持若是哉凡記事之書如此類者不可輕信至寃却古人

宋徽宗亦有明白處宣和元年十一月乙未知温州蘇起奏臣昨謹將耕籍詔書刻石被以雲鶴安奉廳事仍

行下四縣依此施行自此風雨調順禾稼盛茂既已收穫枯荄又復生穗每畝得穀至一担七八斗乞令諸路州縣効此施行帝覽奏不樂云起諂佞一至於此何以儆在位其華飾手詔豈不是相侮可送吏部嗟夫稱祥說瑞借以媚君而其實以君為可誑相侮二字窺破小人之胆矣

陳后山好苦吟每登覽得句即急歸卧一榻以被蒙首家人知之即猫犬皆逐去嬰兒稚子亦皆抱持寄隣家

徐待其起就筆硯即詩已成乃敢復常此等家人最是難得想亦盡知作詩甘苦者不然何以幇襯若是

明賀公欽成化丙戌進士號醫閭先生與人言論侃侃白沙先生曰得毋鋒芒太露乎須涵養令深沉和平乃為美耳於是作書室於後圃徧書深沉和平向上之語於目前令有警惕必期至是乃已前輩之待相知諄諄告誡若此而受言如賀公則又徧書以自儆皆非後人所能及

陳子昂初入京不為人知有賣胡琴者價百萬豪貴傳視無辨者子昂突出顧左右曰輦千緡市之衆驚問答曰余善此樂皆曰可得聞乎曰明日可集宣陽里如期偕往則酒餚畢具置胡琴於前食畢捧琴語曰蜀人陳子昂有文百軸馳走京轂碌碌塵土不為人知此樂賤工之役豈宜留心舉而碎之以文軸徧贈會者一日之内聲華溢都下馮猶龍曰唐人重才雖一藝一能相與驚傳讚歎故子昂借胡琴之價出奇以市名而名果成

矣若今日不惟文軸無用處雖求一聽胡琴者亦不可得惜哉先生此語殊多感慨然余謂更有甚焉子昂攜百軸文馳走京轂又有千緡碎琴酒餚畢具之力故能出奇市名耳若夫單寒之士交遊無計株守寒牕雖抱饗龍纁虎之才身坐井中何由自見然則世之工於文而若湮沒不彰者欲裝文軸而賣胡琴已不可得矣何暇冀人之一賞其技也哉

呂需號水山唐栖人老而負俠骨徐文貞客也當新鄭

與文貞修怨時嘗偽為徐使者持文貞書而謁新鄭新鄭與之酒食不敢以勺粒下口至哀泣號訴達於新鄭之内夫人乳媪以下無不感動垂涕者皆為文貞潛解之而新鄭之意亦倦遂得書以復文貞而其禍始解昔牛僧孺與李德裕交惡李氏客不敢言及李丞相門户如吕需者肯為文貞持書而且哀泣號訴以致其事之獲解賢於李氏之客遠矣宋子京餘酲猶在而遽為極詆斥晏公之制以視水山寧不愧耶

戰國之士反覆傾險蔑棄彝倫不知孝弟為何物矣善乎趙諒毅之說秦王也秦王謂毅曰趙豹平原君數欺弄寡人趙能殺此二人則可若不能殺請率諸侯受命邯鄲城下毅曰趙豹平原君寡君之母弟也猶大王之有葉陽涇陽君也大王以孝治天下衣服之便於體膳啗之嗛於口未嘗不分於葉陽涇陽君葉陽涇陽君之車馬衣服無非大王之服御者臣聞之有覆巢毀卵而鳳凰不翔刳胎禁夭而麒麟不至今使臣奉大王之令

以還報敝國之君畏懼不敢不行毋乃傷葉陽涇陽之心乎秦王曰諾受幣而厚遣之以虎狼之秦而毅乃獨陳孝弟之理根極人情以暢其說雖鷙如昭王亦心折焉孟子而後毅亦朝陽之鳴鳳也哉

王無功有田十六頃在河渚間奴婢數十自課種黍春秋釀酒養鳧雁蒔藥草自供與仲長子光服食養性欲見兄弟輒渡河還家遊北山東皐著書自號東皐子所享若是何暇南面百城

文人不可無品立心未端不覺形之紙上使旁觀者掩口能無顏甲金陵吴某詩人也有元日懷嚴分宜相國詩一友見之笑曰開歲第一日懷朝中第一人似此便做到臘月晦亦未懷及我輩也至今傳之以為笑柄蓋此等著作出以示人惟欲假之以增光寵耳充其肺腸何所不至但不知分宜平日亦曾念及此公否

輕言輕諾輕信輕怒輕動輕交輕下筆總是一輕天下禍患皆自此起故穩重嚴慎者到底禍患不能及也

閩中武夷山有小桃源居萬峰之中秀色環抱石門一徑可杜而絕其中豁然别一天地有田有水又有村落可為伴伍養蜂蒸楮可以為生鵝鴨雞豚可以自給山寇所不及海賊所不到謝在杭以為武陵避秦之地未必勝此吾鄉遭亂以來避寇之人窮谷深山奔匿殆遍而迄無一家免於剽掠者安得有如小桃源者暫為家室耶

晉阮裕奉佛法敬信甚至大兒年未弱冠忽被篤疾兒

既是偏所愛重為之祈請三寶晝夜不懈謂至誠有感者必當蒙祐而兒竟不濟於是結恨釋氏宿命都除欲以奉佛至誠免兒一死可謂愚甚然猶恨而知改世有已見其不靈而崇奉之心牢不可破者其惑溺尤在阮裕之上真可笑也

多讀書而不受書障方得理路透明老涉世而不參世機方得人情爛熟人不可無道心不可作道貌人不可有世情亦不可忽世情此真深於明理之言

薛文清曰為學不是虛談道理須於應事接物處隨在詳審每日不問大事小事處置合宜便是學問到處若汎觀天下之書而不知善處事物究於實何補

吾衢先輩袁公采有世範一書所論物理人情齊家修己之事甚備其書不另見而刻於唐宋叢書中余纔閱數則即斂襟起焚香讀之奉為桑梓典型方欲拈出以示兒輩而適遭世亂亦為有力者負之而趨矣不知何日尚能再購捧置案頭一誦否也

金主雍在諸帝中最為賢主以夫人烏林達氏守節而死終身不立后雅尚儉素命宫中之飾勿得用黄金嘗謂近臣曰朕於宫室惟恐過度其或興修即損宫人歲費以充之至於佛法尤所未信梁武帝為同泰寺奴遼道宗以民户賜寺僧復加以三公之官其惑甚矣又曰前遼日屠羊三百亦豈能盡用徒傷生耳朕每當食時嘗思貧民饑餒猶在已也彼身為惡而口祈福何益之有其他名言卓識有關治道者甚多當時之臣有未能

窺其一二者對之能無慚色

吕文穆有知人鑒富言者文穆客也一日入白曰兒子十許歲欲令入書院事廷評太祝文穆許之及見驚曰此兒他日名位與吾相似而勲業遠過於吾令與諸子同學供給甚厚言之子即弼也後弼兩入相亦以司徒致仕果如其言

眉公巖棲幽事有云不能卜居名山即於陵皐迴複及林木幽翳處闢地數畝築室數楹插槿作籬編茆為庭

以一畝蔭竹樹一畝栽花果二畝種瓜菜四壁清曠空諸所有畜山童灌園薙草置二三胡牀著亭下挾書研以伴孤寂携琴奕以遲良友凌晨策杖抵暮言旋此亦可以娱老矣余無力買山惟願得境如此老眼婆娑足怡晚景而再遭離亂遠隔家園幸緣蔦蘿之託假以書室數楹地處衆山之麓老樹參差鳥聲嚦嚦紙牕布幔淨几無塵一編少倦則携鐺出就泉石箕踞長松下看友人對奕或拈險韻緩步搜詩與眉公所言相去雖遠

亦避亂人一時佳境也但世故方殷家人婦子俱在量柴數米中時憂煎逼所謂俗物來敗人意無可奈何耳石才叔蒼舒與山谷從遊尤妙筆札家蓄圖書甚富文潞公帥長安從借所藏褚遂良聖教序墨蹟一觀潞公愛玩不已因令子弟臨一本休日宴僚屬出二本令坐客别之客盛稱公者為真反以才叔所收為偽才叔不出一語以辯笑啓潞公云今日方知蒼舒孤寒潞公大噱坐客赧然凡人身處富貴之地趨附者必多擇人而

交甚不可濫潞公稱為賢者而坐客如此皆蠅營蟻附之徒耳非才叔冷語逼人公在熱閙場中想亦未能看破也

語云教婦初來教子嬰孩北齊安德王延宗高文襄第五子母陳氏魏廣王妓也延宗幼為文宣所養甚愛之年十二猶騎置腹上令溺已臍中抱之曰可憐止有此一個封定州刺史於上大便使人在下張口承之後為周武帝見擒誣反以椒塞口而死

宣和間芒山有盜臨刑母來與之訣盜對母云願如小兒時一吮母乳死且無憾母與之乳盜嚙斷乳頭流血滿面母死因告刑者曰吾少也盜一菜一薪吾母見而喜之以至不檢遂有今日故恨殺之嗚呼孟母擇居近於學宮而後定而曾子不敢以言戲其子義方之訓必早豫於未雕未琢時而徒懷舐犢之愛使之習與性成而不可救人子之不肖為父母者豈盡無過

滇俗崇釋信鬼鶴慶元化寺稱有活佛歲時士女會集

動數萬人爭以金泥其面林俊按鶴慶命焚之父老爭言犯之者能致雹損稼俊命積薪舉火果雹即止火發無他遂焚之得金數百兩悉輸之官馮猶龍曰五斗米白蓮教之禍皆以燒香聚衆為端有地方之責者不得不防其漸非徒醒愚救俗而已夫佛以清淨為宗寂滅為教萬無活理且言犯者致雹此山鬼伎倆佛若有靈肎受人誣乎即果能致雹亦必異物憑之非佛所致也況邪不勝正異物必不能致雹火舉而雹不至大衆亦

何說之辭哉云云余謂林公此舉極善而猶龍先生之論亦甚侃侃然尚有可慮蓋處天下事斷之以理而已若必待不雹而後可焚則事之偶然湊合者原不可必萬一方焚而雹適至則其令須寢而父老益將張大其威靈以為驚世駭俗之實據佛之為害於是乎愈不可挽矣善乎第五倫之治會稽張詠王曽之禁訛言與錢元懿之斬巫媪也第五倫為會稽守會稽多淫祀好卜筮民常以牛祭神百姓財產以匱其自食牛肉而不以

薦神者發病且死先為牛鳴前後郡將莫敢禁倫到官移書屬縣曉告百姓其巫祝有依託鬼神詐怖愚民者案論之有妄屠牛者吏輒行罰民初頗恐懼以祝咀妄言倫案之愈急後遂斷絕百姓以安張詠知成都民間訛言有白頭老翁過食男女詠名其屬使訪市肆中有大言其事者但立擒解來明日得一人命戮於市即日帖然詠曰訛言之興沴氣乘之妖則有形訛則有聲止訛之術在於明決不在厭勝也天禧中民間訛言有妖

起若飛帽夜搏人自京師以南人皆恐王曾令夜開門敢倡言者即捕之卒無妖錢元懿牧新定一日閭里閒輙數起火居民頗憂恐有巫楊媪因之遂興妖言曰某所復當火皆如其言民由是競禱之元懿謂左右曰火如巫言巫為火也宜殺之乃斬媪於市自此火遂熄數公斬釘截鐵之手何等痛快

吾里中士子異言異服婦女披緇持摠子修西方其老人年貌衰憊則問鼎器拜黃冠講嬰兒姹女養汞燒丹

市井下戶炊半菽熟先飯沙門求福果而饑餓其父母與兒女家廟則奉佛修羅天神人鬼而黜祖考世教民風既至此矣足下匄更益薪改步而趨就平易使下里愚氓信足下無他則人我蕩蕩平平偕之大道希聖希天何以加此此郝楚望先生與田肖王書也今日人心風俗之壞多坐此病焉得當事者刊布此書使家諭而戶曉乎

林唐翁曰檜亡東周之始曹亡春秋之終夫子之刪詩

也繫曹檜於國風之後檜之卒篇曰思周道也傷天下之無王也曹之卒篇曰思治也傷天下之無伯也

觸情縱欲謂之禽獸苟可而行謂之野人安故重遷謂之衆庶辨然否通古今之道謂之士進賢達能謂之大夫敬上愛下謂之諸侯天覆地載謂之天子是故士服黻大夫黼諸侯火天子山龍德彌盛者文彌縟中彌理者文彌章也

明仁宗好學右文辭翰兼精尤喜科舉之業在青宮已

然踐祚猶不廢每得試録必指摘瑕病手標疏之以示臣工嘗戲語人曰使我應舉豈不堪作狀元天子乎憲宗受終日英宗遺言不用殉葬宮嬪故憲宗賓天亦有是命

王敦如厠誤食甘棗澡豆王安石禁中與宴食釣餌盡楪仁宗言其詐仁和學師茹芮有人餽龍涎餅一盒不知為香每席各供一楪自既餐盡復勉強勸人食之衆皆掩口而不敢言止稱其美而袖之昔人一事不知以

為深聦如王敦茹茼實為可笑若安石者豈有見釣餌而不識者乎乃終被仁宗看破何苦乃爾

屏之張也直則不可立必也回而曲之輪之轉也方則不可行必也揉而圓之處世亦然故屏必有輻輪必有軸屏雖欲曲不可不齊輪雖欲圓不可不正君子自處也亦然此于穀山璪言也士君子不幸而處末流之世不曲不圓則出門有礙而天地為之不寛然圓曲之中而終不失其齊與正然後可以立身可以應物今日之

人但求屏之立輪之轉耳後半截語置之腦後矣烏乎可

唐元宗御五鳳樓觀酺宴令三百里內刺史縣令各以聲樂集樓下時多以車載樂工數百皆衣文繡服箱之牛皆爲虎豹犀象之狀魯山令元德秀惟遣樂工數十人聯袂歌于蒍而已于蒍者德秀所爲歌也宋時聖壽日州縣皆集僧道誦經惟陸象山令儒生講洪範皇極錫福一章時議韙之載聲樂衣繡以逢君集僧道誦經

以媚主一時情狀如戲如癡不復知有帝王賢聖之道矣得魯山象山兩先生差為儒臣吐氣

屠長卿喜談玄馮開之每以為譏而已則溺於西方之教口角津津其與長卿書云談玄者紛紛甲乙可否迄無定論秦皇漢武竭天下以奉之不足徒為後世笑何況我輩請以一丸泥封戶而專意無生之業云云其為人謀也如此然獨不思梁武帝奉佛至於捨身而不惜而其得禍也為更慘又豈止秦皇漢武為人所笑乎身

在夢中而又笑他人之囈語以先生之人品學問文章亦復乃爾真不可解也

三國志非僻書也而世人多以為演義雖以李長沙之學亦用明燭達旦等語以為文徐文長曾有書言之馮開之先生日記内有曰余以嘉善于丞之任有書相聞所寄三國志乃是俗本演義向在南都一北臺使者見問所刻三國志得非演義乎余微笑語其實何獨一丞云云蓋今之以演義為三國志者比比然矣又何止一

丞哉噫

桓榮讀書十五年不窺園何休十七年不窺門劉炫劉焯十年不出户徐遵明六年不出門限齊沈麟年過八十手寫書滿數十篋徐廣年過八十猶歲讀五經一遍陳瓚年逾九十猶勤筆硯著經史系華十卷

掇巖徒而相恐其駴也夢以先之載釣叟而師恐其疑也卜以先之聖人不得已而喻愚俗也不知者以為真夢而娃嬴進矣筮而驪姬進矣

常疑公家文移自上行下者用一仰字而不知其解偶見孔氏雜說謂北史時已有此語北齊孝昭皇帝紀詔定三恪禮儀體式有仰議之語然亦未解其義也

雙橋隨筆卷八

欽定四庫全書

雙橋隨筆卷九

鳳縣知縣周名撰

世人喜談風水每見鉅公名流以及村氓市叟所至皆然惟余不自揣竊以為非然所謂獨拍無聲徒來一握為笑耳已聞蘭江祝子堅先生所見畧同余雖未嘗登其堂讀其文而神交已久往往依之以自壯焉兹見唐翼修曾遺一札於子堅謂其集中有大闢風水篇急宜

删去恐似不純之文而爲萬世之口實余竊思之翼修與子堅相得厚且深欲其文之無疵而可傳於後世也而謂其大闗風水之言適足以爲累則非也翼修之言曰風水之說非後代始周公美公劉則曰逝彼百泉瞻彼溥原乃陟南岡乃覯於京又謂既景乃岡相其陰陽觀其流泉使堪輿果非信則隨地可居公劉何必既瞻而覯而相而又觀之周公何獨據此以美之乎國風升彼墟矣以望楚矣望楚與堂景山與京美衞文公徙居

楚邱詩也使堪輿果無據則隨方可宅衞文何必既升且望而且景哉詩人何獨據此以美之哉又曰文王遷豐武文遷鎬王業由之以大不然文武固愛惜民財者何忍為此勞傷事哉噫嘻翼修之説公劉衞文二詩若此所論文武都豐都鎬之謀又若此其溺於世俗之見而誤窺聖人之心可謂甚矣余雖固陋請為子堅辨之今夫儒者之惡堪輿家豈以世之建都立邑搆室為塋一切宜任運為之而絶不當有經營圖度之事參於其

間哉蓋地之為地有陰陽南北之位焉有高下險易之形焉有剛柔燥濕之性焉有寒温肥瘠之體焉倘如書中所云隨地可居隨方可宅而無事於瞻之覩之相之觀之而且升之望之景之則雖置之於汙坻幽壑箐莽榛荆腥嵐毒霧攢峰飛瀑風饕雨雹中鼪鼯魚鼈之與親而豺狼狐兔之為類而皆可以不計乎恐無是理也竊謂作詩者之美公劉衛文以為建邦啓宇必先定其規模而後從事焉因喜其位置向背之咸宜與水土風

物之皆善而歌之咏之非如後世之尋龍步脈所謂八字四元荒唐謬妄之談可以致福利而庇子孫也翼修又曰文王遷豐武王遷鎬王業由之以大云云果若斯言是以周家八百年過歷之天下其得力全在於風水而后稷以來積功累仁之效皆不足道矣况文武視民如傷者也徒以欲大其王業而一旦不愛民不惜財至於勞傷而不顧此與莽操之心腸何異且不聞南宫邊子之折辛櫟乎見說苑至公篇曰昔武周之卜居成周也其命

龜曰予一人兼有天下辟就百姓敢無中土乎使予有罪則四方伐之無難得也周公之卜居曲阜也其命龜曰作邑乎山之陽賢則茂昌不賢則速亡是可以知武周之心矣又不聞武成之言乎曰惟先王建邦啓土公劉克篤前烈太王肇基王迹王季其勤王家我文考克成厥勲以撫有方夏予小子其承厥志當是時一戎衣天下大定矣所謂垂拱而天下治矣更何所未慊而謀再徙以圖之至於勞民傷財而不顧乎此可以知武王

之無心擇地矣且以文王之服事殷也三分有二而不敢少改人臣之節故孔子以至德歸之至於甲子之役而武王已及暮年矣止以天人之交迫不得已而後應之是豈有心於得天下者而謂王業皆以遷豐遷鎬而後大以文武之聖而其處心積慮顧如是是蓋必無之事也由是觀之文武之遷豐遷鎬也以為不知王業之由此而大無心得之是周之有天下德所致天所命人所歸也於風水無與也以為豫知其業之由此而大而

有意圖之是周之有天下人所謀也風水之力也與其家世德無與也天命人心亦無與也此於風水之說則張矣顧何以白文武之心於天下後世哉故余以為翼修之說詩溺於俗尚之陋而誤度夫聖人之心也夫喜遵村市中惑人之技而坐聖人以奸雄營算之所為此尤尚論者之所不忍也余所以不得不代為子堅辨且為二聖人辨也錢日磯先生曰子堅風水說引據鑿然但有五經不談風水之語故翼修即以五經折之余不

自揣而又即以五經折翼修未知不至深謬否竊謂吾輩既讀聖賢書所言所行必取裁於五經四子而後定而五經四子中實無談及風水者若夫仰觀天文俯察地理之言見於繫辭此聖人用易以財成天地之道輔相天地之宜以左右民之事其道甚大其理甚正堪輿何技而乃引此以為証乎余以翼修此語為尤非敬再質之而并以政於日礎先生以為何如

凌與三評陳大士君子創業垂統為可繼也文云剪商

肇跡乃後人推美之辭耳古公遷岐正髙宗中興之年從何處可萌鼎隧之心光武初念不過希作執金吾盂德亦止望作一司隷校尉耳况賢侯之克鍾聖子神孫而敢有非分之覬覦耶此言可証唐君之誤附録於此漢書藝文志有道三十七家九百九十三篇陰陽二十一家三百六十九篇神仙十家二百五卷似有取於異端邪説而然者然其論道家也曰道家者流蓋出於史官歷記成敗存亡禍福古今之道然後知秉要執本清

虛以自守卑弱以自持此君人南面之術合於堯之克讓易之謙謙一謙而四益此其所長也及放者為之則欲絕去理學兼棄仁義曰獨任清虛可以為治其論陰陽家也曰陰陽家者流蓋出於羲和之官敬順昊天歷象日月星辰敬授人時此其所長也及拘者為之則牽於禁忌泥於小數舍人事而任鬼神其論神仙家也曰神仙者所以保性命之真而游求於其外者也聊以盪意平心同死生之域而無怵惕於胸中然而或者專以

為務則誕欺怪迂之文彌以益多非聖人之所以教也孔子曰索隱行怪後世有述焉吾弗為之矣其立論若此豈如後世之文人學士悖聖教而溺淫辭如飲狂藥而不知其醉者哉

古今所傳神鬼仙佛皆街談巷語道聽塗說之類當如坡公所謂姑妄言之姑妄聽之可也而世人好怪皆以為真如東方朔者班孟堅所謂滑稽之雄耳載其事於傳中最詳又慮後世之人之易惑也故傳後云世所傳

他事皆非也又贊後云朔之詼諧逢占射覆其事浮淺行於衆庶童兒牧豎莫不炫耀而後世好事者因取奇言怪語附著之故詳録焉讀孟堅此語知喜崇怪誕在當時已然至於後世而日甚如屠緯真儒家者流而其贊朔也亦有濯衣紫海食桃崑崙等論在他人又何足怪

世之鼓樓曰譙樓者謂門上為高樓以望也畫角之曲有三弄乃曹子建所撰初弄曰為君難為臣亦難難又

難次弄曰創業難守成亦難難又難三弄曰起家難保家亦難難又難今角音之烏烏者皆難字之曳聲耳所以使人昏曉之間燕息之際聞之有所警發也此見於明胡公儼譙樓晝角三十六弄記夫子建魏之公子又七步八斗才也乃為此警切之語而起家保家之難尤非處豪華雄貴之地之人所能諳者世間紈袴纖兒恃父兄之庇稍充衣食輙至如癡如騃昏昏醉夢中不知自醒讀此曲可以知警

便中承書知比日侍奉安佳吾子讀書比復如何只是專一勤苦無不成就第一更切檢束操守不可放逸親近師友莫與不勝己者往來薰染習熟壞了人也景陽想已赴省季章當在家凡百必能盡心苦口切須禀承不可有違諺云成人不自在自在不成人此言雖淺然實切至之論千萬勉之大學說漫納試讀之不曉處可問季章也未即相見千萬為門戶自愛此朱文公與其親戚甲行小柬也見羅景綸鶴林玉露中以為後生晚

輩能寫一通置之座側朝夕觀玩何患不做好人誠然誠然景陽許姓名子春李章姓劉名黼皆廬陵醇儒從文公學李章後為特奏第一人

姪行年且五十於舉子業可謂苦心矣舉業而入苦心之路其於名理雖或精研而於風調不免沉滯嘗聞先輩舉業三字符曰典淺顯予獨更之曰輕清精然精之一字亦不易得但能輕清而稍加之以秀逸疎爽則百試百中矣嘗謂頭場七篇最為喫緊須如行雲之出岫

巧燕之穿簾荷葉之擎露柳絮之飄風萬無過思深構過思深構必致重滯艱澀於二三場以後並聽姪之蹀躞馳驟出經入史千金之駿絶塵而奔亦無不可者先輩舉業之最如王守溪之渾雄臺閣唐荆川之精純典雅汪青湖之豪爽薛方山之奮躍並所不易得者獨聞韓昌黎有云如駕輕車而就熟路以此攜之為舉業訣可謂最便法門近日兒維寄來北京鄉試七篇姪嘗誇之當為舉業中赤幟予獨疑其太橫喜之者什之五而

驚且辟易從而厭之者亦什之五而繙兒亦讀之曰但恐落老學官之手當為覆瓿矣今已垂翅傳聞果被以高年校文者僅於首篇加數點後並不及覽何則彼且視之為怪僻不復覽覩矣吾姪之才奇崛魁梧獨恐其一入沉滯便令校文者澀眼縮首千萬放令輕清而加之以秀逸踈爽斯則姪之老馬長途而姑從康莊以策轡而馳亦所以慰我衰颯懸懸之望也此茅鹿門先生與其姪舉人桂書也習舉業者當以為法録之以示後

起

錫山王耐軒筆疇足以鍼砭物態時情甚爲有益福清林公樞謂其句句皆切已條條皆實用誠處已接人之要道宗伯徐太室歸有園麈談漢陂外史謂其月旦人倫雌黄物理包籠連類取譬搜奇自著一家之書不經人道之語雅謔兼陳醇駁互見二書與眉公先生讀書鏡見聞録安得長者等集皆宜置之案頭時時諷誦勝於飽食煖衣空消白日者幾千萬倍也

梁武帝鋭意釋氏天下從風而靡惟韋叡獨不與林靈素作神霄寶録自公卿以下羣造其廬拜受籙獨李綱傅崧卿曾機移疾不行元富珠哩翀不拜西僧國師偉哉數公近有爲宗伯執香爐於道場又有横玉三公而拜僧道者何其異也

後周韋孝寛叅麟趾殿學士考校圖籍唐薛仁貴著周易新生本義二卷二公皆勇將而精意經術如此

楊升菴云牛馬者家畜也縱之坰野則悍鷹鸇者野鳥

也一爲繫絆則馴此收放心之説也稱爲人而不知學使其心出入無時莫知其鄉其漸入於禽門獸行也宜哉

余嘗謂北鄉項山之謬以爲項羽未嘗至於此然史遷羽本紀中亦有從其季父項梁避仇吳中事吳中今之湖州也相傳羽爲神於湖最烈後爲唐狄仁傑采訪江南移檄毀其祠肹蠁遂絶

余性不喜談命而邇來姻友相聚輙以五星八字辨難

不少休殊厭人耳偶閲陸文裕公燕閒録載張東白先生語可謂中流一砥遂録於左以堅余一偏之見云東白先生張公元禎天順庚辰進士以道學名世嘗為余言自小子登朝見士大夫凡三變初登朝士大夫多講政事遂有好政事意蓋指李文達公輩也再登朝士大夫多講文章遂有好文章意蓋指李文正公輩也及今次登朝士大夫多講命為之微笑是時靳少卿貴字充道徐侍讀穆字舜和皆好推星而翰林諸先生每會晤

間皆喜談五星三命故術士遊京師者多獲名利亦一時之風尚也余素不信其術嘗有數說以闢之同年間每以為拗顧學士鼎臣字九和素善此以為汝不信自不信命自是有范文正公有言士之進退多言命運而不言行業明君在上固當使人以行業而進多言命運是善惡不辨而歸諸天地豈國家之美事哉其論則正大矣文裕公諱深號儼山

吾衢之在往代能文者最多如何欽聖獻蘇長公之七

言長篇至一千五百餘字公以為佳但因其欲推尊王氏故不甚喜耳然亦遇之未嘗衰也又毛平仲遂初堂書目序亦最條暢非後人手筆所能為兩公行事不概見而二篇之作皆於說郛内得之則其湮沒而不傳者蓋亦多矣以是知自古能文之士其姓名之隱顯有幸有不幸焉遂初堂尤延之家藏書處也

文文山樂安老人墓誌有云翁有數事甚異里傳鬼車鳴者永夜相戒滅明屏息戶内翁開樓大呼願見鬼車

卒無有有神以禍福驚人翁過其祠持牛炙如常人莫不危恐翁休休如也嘗有所營造忌某星直某方翁曰犯者殆乎請身當之某星迄不驗爲子納婦或曰婦不利於長翁不爲奪自是諸婚嫁歷家說格不用中年卧疾家人私喚女巫謀爲厭勝翁廉知之强起逐之出門未屬纊翁默自念作其像贊若遠遊者顧左右曰吾死勿事緇黄吾志也醫以藥進麾使去問日入乎曰然反面而逝江南之俗尚鬼而信巫翁能自不惑非由耳傳

口授殆一至之性然也

孟子功不在禹下非諛語也至於後世乃有訕謷其教

至形於詩句以侮之者殊堪髮指明初洪武間欲去其

配享尚書錢唐上疏爭之先是有旨諫者當射殺之唐

即置棺袒胸當箭太祖見其諫甚切命太醫院療其箭

瘡配享得不廢黄南山先生有錢丈奇勛之詩曰引棺

絶粒箭當胸拚死扶持亞聖公仁義七篇文莫盡晃旒

千載繪仍龍批鱗既奮回天力没齒終成衞道功那得

洪恩遍寰宇泮宮東畔置祠宮唐象山人元末隱而不見年將六旬見四海定於一赴京敷陳王道以詩稱旨授刑部尚書

王思質治其父質菴公之喪其視含殮棺槨靡不誠信然不一雜浮屠及吴俗之禮時人翕然稱之戴元美先生自撰思質公行狀中先生喜談禪説者至為先公狀則其言如是是知聖人之道非異學所可掩雖染指其間者終以不雜浮屠為正而不能為之左袒也頃閲司

馬温公語其理尤著今録於此

世俗信浮屠誑誘於始死及七七日百日朞年再期除喪飯僧設道場或作水陸大會寫經造像修建廟塔云為死者滅彌天罪惡必生天堂受種種快樂不為者必入地獄剉燒舂磨受無邊波吒之味殊不知人生含氣血知痛癢或翦爪剃髮從而燒研之已不知苦況於死者形神相離形則入於黄壤朽腐消滅與木石等神則飄若風火不知何之借使剉燒舂磨豈復知之且浮屠

所謂天堂地獄者計亦以勸善而懲惡也苟不以至公行之雖鬼可得而治乎是以唐盧州刺史李舟與妹書曰天堂無則已有則君子登地獄無則已有則小人入世人親死而禱浮屠是不以親為君子而為積惡有罪之小人也何待其親之不厚乎就使其親實積惡有罪豈賂浮屠所能免乎此則中智所共知而舉世滔滔信奉之何其易惑而難曉也甚者至有傾家破產然後已與其如此曷若早賣田營墓而葬之乎彼天堂地獄若

果有之當與天地俱生自佛法未入中國之前人死而復生者亦有之矣何故無一人誤入地獄見閻羅等十王者耶不學者固不足與言讀書知古者亦可以少悟矣

張宣公帥江陵道經澧澧之士子十數輩執文書郊迎公喜見鬚眉就馬上長揖索其文視之乃舉劉郡守政蹟公擲其文於地曰諸公之來某意其相與講切義理之是非啓告閭閻之利病有以見教令乃不然是特被

十隻冷饅頭使耳躍馬徑去澧守上謁亦不容見

魏武帝父子不惑仙術武帝樂府精列篇云造化之陶物莫不有終期賢智不能免何為懷此憂願螭龍之駕思想崑崙居見欺於迂怪志意在蓬萊周孔聖徂落會稽以墳邱陶陶誰能度君子以弗憂魏文帝折楊柳歌云彭祖稱七百悠悠安可原老聃適西戎於今竟不還王喬假虛辭赤松乘空言達人識真偽愚夫好妄傳追念往古事憒憒千萬端百家多迂怪聖道我所觀二詩

不信仙術闢其怪誕識知道守正之言也曹孟德之卓識比之後來唐之諸君服金丹渴躁而死者豈不天壤哉曹子建辨道論亦言左慈輩之妄其父子相傳家教如此今之儒者能無愧乎

明世宗自號靈霄上清統雷元陽妙一飛元真君又加號九天宏教普濟生靈掌陰陽功過大道思仁紫極仙翁一陽真人元虛元應開化伏魔忠孝帝君又號太上大羅天仙紫極長生聖智昭靈統三元證應玉虛總掌

五雷大真人元都境萬壽帝君世宗為有明英主而其所稱號比之唐宋二君尤為可笑邪說之惑人蓋至於此

蜀岷州俗畏疫辛公義為刺史知其地一人病闔家避之病者多死乃命皆輿置廳事暑月廳廊皆滿公義設榻晝夜處其間以秩祿具醫藥身自省問病者既愈召其親戚諭之曰生死有命豈能相染若能相染吾死久矣皆慚謝而去其後人有病者爭就使君其家親戚固

留始相慈愛風俗遂變

隋開皇十二年有司言府藏皆滿無所容積於廊廡於是更闢左藏以受之乃詔曰寧積於人無藏府庫河北河東今年田租三分減一兵減半功調全免

范文正公讀書長白山僧舍日惟煮粟米二升作粥一器經宿遂凝以刀畫為四塊早晚取二塊斷虀十數莖醋汁半盂入少鹽暖而啗之如此者三年

蘇文忠自言平生有三不如人謂著棋吃酒唱曲也林

和靖亦自謂所不能者擔糞與着棋耳竊以為蘇言果不謬而和靖之語未免近於狂

為人取名及字號與題亭堂齋閣扁牓之類皆宜慎重不可易於下筆唐時有楊州帥欲作一書而未得名商於通判鮮于廣廣請立名曰逸居集有牛簽判者謂帥曰此是罵公逸居而無教則近於禽獸耳張士誠之名吴士人所取也有謂之者曰此罵公也士誠問故曰公不讀孟子乎有云士誠小人也非罵公而何兩人事有

意無意不可知而皆足以釀禍明知之人何苦如是

凡蟲入人之耳者用生油灌之可稱妙方載彭乘墨客

揮犀

古人作文雖一字不安在所必改歐陽公為魏公晝錦

堂記其初起句云仕宦至卿相富貴歸故鄉久之索還

原本每句加一而字歸之其慎重如此昔人有以更一

字而稱為師者奈何輕言脫稿也

唐人喜撰小說雖以帝王之尊宜立極以為治者亦造

為誕妄之談如開元夢羣仙一記可為千古笑端乃宋人至為立碑勒石建宇塑像設奠致敬香茗之賜不絶此必政和宣和間蔡京輩名其君為教主道宗皇帝時事耳敗家亡國之君前後一轍如此皆白日見鬼症也唐采臣先生一跋可以喚醒癡人之夢其於世道人心關係不淺

邪説惑人雖以韓魏公之後冠裳最盛而家傳載公一事云右侍監孫勉監元城埽埽多墊陷費公料勉詢有

巨黿穴其下伺其出射殺之數日勉方晝卧為吏迫去為黿所訟當往証之既至一宫闕守衛甚嚴吏云紫府真人宫也仰視真人乃韓魏公也亟俯伏訴公微勞之曰汝當往陰府証事乎勉述殺黿事公取黄誥示之謂曰黿不與人同彼害汝婦殺之汝職也遣之使去出門遂寤事既播揚神皇謂輔臣曰聞説韓為真人事否皆曰未之聞也上具道所以咨嗟久之云云此等事皆好事者之所為使魏公有靈當不勝其怒乃竟載之家傳

中人之易惑抑至於此或孫勉子弟欲張先人有射鼋事而借魏公以實之亦未可知也

唐德宗初嗣位尚禮法諒闇中名韓王食馬齒羮不設鹽酪皇姨有寡居者持節入宫妝飾稍過帝見之極不悦異日如禮乃加敬焉

雙橋隨筆卷九

欽定四庫全書

雙橋隨筆卷十

鳳縣知縣周召撰

唐明皇其初英明之主也至天寶以後但見神魂惝怳終日做夢而已試一述之一山人王玄翼上言見玄元皇帝言寶山洞有妙寶真符命張均等求之一楊國忠奏有鳳凰見左藏屋一夢玄元皇帝云吾像在京城西南百餘里遣使求得之於盩厔迎置興慶宮一陳王府

參軍田同秀言玄元皇帝告以藏靈符在尹喜故宅遣使求得之羣臣上表以寶符潛應年號請於尊號加天寶二字一清河人崔以清言見玄元皇帝云藏符在武城紫微山勑使往掘亦得之一謂宰臣朕於宮中為壇為百姓祈福自草黃素置案上俄飛昇天聞空中語云聖壽延長又煉藥成置壇上及夜欲收又聞空中語云藥未須收此自守護羣臣表賀一云玄元皇帝降於華清宮之朝元閣一太白山人李渾等上言見神人言金

星洞有玉版石記聖主福壽之符命王鉷求獲之一孫思邈盧峨嵋山聞鑾駕至蜀特來候謁求賜雄黃一羅公遠拄杖為橋請登月宮見仙女數百舞廣庭聽霓裳羽衣曲蓋明皇之夢至馬嵬坡始覺世人之好神仙佛老者請細觀之庶免作癡人說夢

作文之法譬如城市間物種種有之欲致而為我用有一物焉曰錢得錢則物皆為我用作文先有意則經史皆為我用此東坡教人作文法也

自昔名賢嚴於輩行尤篤通家之好子弟見父執必拜或立受或答半禮或以排年或稱小字書問以從表兄叔自處今則拜禮施諸顯官則有佞貴之嫌為父執者亦恐憑藉而為我累通家之契替矣

神慮淡則血氣和嗜慾勝則疾疹作唐處士張臯云是為養身之要宋范忠宣云惟儉可以助廉惟恕可以成德是為修身之要皆可銘於座右

有跋歐陽公小草者曰張湯逢君之惡賊殺不辜獨以

推賢揚善有後於漢文忠公推賢揚善之功一時元宰鉅卿多出其門非湯所敢望其萬一而無湯之罪今其後止有選人三數輩又最困天之報施有時而爽可為慨歎云云以余觀之文忠公生平詆佛而其子輩奉釋氏最嚴手持數珠念唄聲不絶客至輒謝以持齋不見有子如是極反其父之所為可謂肯構肯穫者乎宜其後之不競也然有謂文忠在時輩即有是癖而亦未嘗禁止之也殊不可解公存日夫人已持齋奉佛家人多

效之而公不能禁天下事每為婦人所壞

宋孫莘老晚年病目乃擇卒伍中識字稍解事者二人使其子端取西漢左氏等書授以句讀每瞑目危坐室中命二人更讀於旁終一册則易一人飲之酒一杯使退其喜讀書也如是

宋元豐末學者各崇虛誕章子厚極惡之嘗延一太學生在門下子厚一日適至書室見其講易略問其說其人縱以性命荒忽之言為對子厚大怒曰何敢對吾亂

道亟取杖命左右擒欲擊之其人哀鳴乃得釋此一事

在子厚未免太暴然待此等人亦當如是

凡事變起於意外須靜以鎮之而緩爲圖宋文潞公知

成都偶大雪喜之連夕會客達旦帳下卒倦於應待有

違言忿起拆其井亭共燒以禦寒守牙軍將以聞公曰

今夜果寒更有一亭可拆以付餘卒復飲至常時而罷

翌日徐問先拆亭者何人杖脊配之臨事若此始無意

外之慮然非胆智器量裕於平時者倉卒之間不能無

誤也

晏元獻雖早富貴而奉養極約惟喜賓客未嘗一日不宴飲而盤饌皆不預辦客至旋營之初但人設一空案一杯既命酒果實蔬茹漸至亦必以歌樂相佐談笑雜出數行之後案上燦然矣稍闌即罷遣歌樂曰汝曹呈藝已遍吾當呈藝乃具筆札相與賦詩率以為常前輩風流如是嗟乎後世之人得毋以冷淡生活為苦與斯選者有如矍相之圃乎

士人應試當臨場之際皆擬主司必命之題而預為之甚有盡録他人舊作不改一字而獲售者昔晏元獻為童子時張文節薦之於朝名至闕下適御試進士即令公就試公一見試題曰臣十日前已作此賦賦草尚在乞别命題及為館職時天下無事許臣僚擇勝宴飲當時侍從文館士大夫為燕集以致市樓酒肆往往皆帳為遊息之地公是時貧甚不能出獨家居與昆弟讀書二事聞於上眷注日深仁宗朝卒至大用

余不能拒里人之請為撰建三官廟疏而謬以天地水之有裨於人為之辭所謂姑妄言之耳及閱菽園雜記其言三官所由始者曰漢熹平年間漢中有張修為太平道張角張魯為五斗米賊而魯尤盛蓋其祖陵父衡造符書於鶴鳴山制鬼卒祭酒等號有疾者令其身書名氏及服罪之意其一上之天著山上其一埋之地其一沉之水謂之天地水三官三官之名實始於此又為之評曰水為五行之一生於天而附於地非外天地而

為物也今以水與天地並列已為不通之論若其使民服罪之書水官者沉之水地官者埋之地矣天官者既云上之天則置之雲霄之上可也却云著之山上然則山非地乎其誣惑蚩蚩之氓甚矣云云由是觀之三官之稱其誕妄也明矣乃吾邑男婦之持三官齋且相率為會甚多人之至愚一至於此

宋杜君懿以許敬宗風字硯為潤筆物而求誌於孫莘老莘老笑曰敬宗在正堪礫以飼狗耳何以其硯為蓋

硯無字而匣有敬宗名東坡以為敬宗為奸時非硯所能知而哀其所遭之不幸則欲存其硯而棄匣以去敬宗之累微東坡硯幾以無罪廢人可不務修德乎哉

朝廷設科取士亦必斟酌而定乃稽之古昔有最為可異者唐時有士子奔馬入都見者問其何急如此答曰欲赴不求聞達科宋天聖中置高蹈邱園科許本人於所在自投狀求試夫不求聞達矣而奔馬入都高蹈邱園矣而投狀求試上以是求而下以是應有例相沿恬

不知怪使後世指為笑端真不可解也

哲宗時范祖禹為諫議大夫聞禁中覔乳媪以帝年十四非近女色之時與左諫議大夫劉安世上疏勸進德愛身又乞太皇太后保護聖躬言甚切至太后謂曰乳媪之說外間虚傳也祖禹對曰外議雖虚亦足為先事之戒凡事言於未然則誠為過及其已然則又無所及言之何益陛下寧受未然之言勿使臣等有無及之悔太后深嘉之葢豫教子弟一事甚不可緩帝冑猶然而

况於大夫士庶之家乎未然之言凡有家者皆宜時時講習可也

書有十體古文者黃帝史蒼頡所造也大篆者周宣王太史史籀所作也籀文者亦周太史史籀所作也小篆者秦始皇丞相李斯所作也八分者秦羽人上谷王次仲所作也隸書者秦下封人程邈所作也飛白者後漢左中郎將蔡邕所作也章草者後漢徵士張伯英所作也

向敏中拜同平章事進右僕射是日學士李宗諤當對帝曰朕自即位未嘗除僕射令命敏中此殊命也敏中應甚喜又曰敏中今日賀客必多卿往觀之勿言朕意也宗諤既至敏中謝客門闌寂然宗諤與其親徑入徐賀曰今日聞降麻士大夫莫不歡慰相慶眷依殊越何以至此敏中唯唯又歷陳前世為僕射者勲德禮遇之重敏中亦唯唯卒無一言既退使人問庖中今日有賓親宴飲否亦無一人明日具以所見對帝曰敏中大耐

官職以僕射之榮加自天子而自視欲然畧不動意非大受之器豈能如是世有少伸寸步而不能自持遂有張皇無限者其度量相去何如也

不羞老圃秋容淡且看寒花晚節香韓魏公在北門重陽詩也公嘗謂保初節易保晚節難故晚節事事尤着力所立特全崔公孺韓魏公妻弟也公執政用監司非其人則曰公居陶鎔之地宜法造化之心造化者以蛇虎害人之物故置蛇於葅澤置虎於山林今公乃置於

通衢使為民害可乎公孺此語直捷痛快安得書之銓部堂中使司衡者時時聳聽耶

唐崔祐甫才能應變斷決朝事甚中機權神策軍使王駕鶴者典衛兵久權震內外帝將代之懼其變以問祐甫祐甫曰是無足慮即名駕鶴留語移時而代者白志貞已入軍中矣朱泚軍中貓鼠同乳表其瑞詔示宰相常衮率羣臣賀祐甫獨曰可弔不可賀詔使問狀對曰臣聞禮迎貓為其食田鼠以其為人去害雖細必録

今貓受畜於人不能食鼠而交乳之毋乃失其性耶貓職不修其應若曰法吏有不觸邪疆吏有不捍敵臣愚以為當命有司察貪吏譏邊候勤徼巡則貓能致功鼠不為害淄青李正己畏帝威斷表獻錢三十萬緡以觀朝廷帝意其詐未能答祐甫曰正己誠詐陛下不如因遣使勞其軍以所獻就賜將士若正己奉承詔書是陛下恩洽士心若不用彼自斂怨軍且亂又使諸藩不以朝廷為重賄帝曰善正己慚服議者韙其謨謀謂可復

貞觀開元之治焉

人之生育本於血氣血氣有盈與絀而子息之多寡難易以分焉非人力所能為也世人不察以為可以求而得於是有未有子而祈之神者有既有孕而又祈神轉而為男者有既生男而寄於僧道為乾兒以祈無災病者此皆惑之甚者也昔崔慎由晚年無子遇異浮屠以術求乃生湜字緇郎及為相其季父安潛唶曰吾父兄刻苦以持門戶終為緇郎所壞後果如其言嗟乎藉於

僧而得子雖佳兒不足貴也況如湜之身居宗滅者乎晉元帝生子普賜羣臣殷洪喬謝曰皇子誕育普天同慶臣無勲焉而猥頒厚賚中宗笑曰此事豈可使卿有勲耶此雖戲語世之祈子與為人祈子者皆可以發一笑矣

明天順間桂廷珪者嘗館於門達家刻私印曰錦衣西席後松陵驛丞甘某洗馬江朝宗之壻印曰翰林東牀一時傳笑以為的對

瀋王府長吏王庭病大便下血勢瀕危殆一日昏憒中聞有人云服藥誤矣喫小水好庭信之飲溺一碗頃甦遂日飲之病勢漸退勿醫而愈

輪迴酒即人尿也人有病者時飲一甌以酒漱口久之有效跌撲損傷胸次脹悶者尤宜用之婦人分娩後即以和酒煎服無產後諸病南京吏侍章公綸在錦衣獄六七年不通藥餌遇胸膈不利眼痛頭痛輙飲之無不立效

鎖鑰人無如忿與慾者慾動水滲怒甚火炎懲之心火下降腎水上滋此亦吾儒坎離交媾功法何必仙家　環碧

小言

八月某日盜刼大侯嶺嶺在萬山中居民樸野而翁姓者有一女姿容端麗年十四為賊所得縶其臂驅之女啼呼攀楯楯折加箠焉遂大罵曰賊狗吾寧從汝者耶亟斫頭去何以箠為揮刃擬之則延頸受賊怒其戇也乃斷其喉而死悲夫此萎然者村閭弱質耳至性所激

甘死如飴彼徒戟鬚眉者曷用哉余憐其遇欽其烈而恐其事之不傳也因記其畧以俟採風者

習尚之誤不獨晉人以清談廢務明之中葉士大夫喜參禪說更有甚焉蓋六經四子之義其事最實其理最明而一時論文講藝者必欲鑿以竺乾柱下之說謬妄虛浮茫無真際浸淫日久人心盡壞而天下之事隨之矣善夫艾千子之評儲紫虛君子戒慎一節文也曰湯霍林評云道只有不覩原無覩所道只有不聞原無聞

所於所不覩不聞常若有所謂覩有所謂聞則寂感并融能所雙遣更於何處説玄説禪如此評文真孔孟程朱之罪人也亦儲紫虛之罪人也不覩不聞即末君子之所不可及者其唯人之所不見乎一意耳僞楞嚴拾晉人之清談爲佛書以欺後世講道瞀儒又拾僞佛書之唾餘以解聖賢之書如此題者真可恨也不覩而敬則凡覩之時可知矣不聞而畏則凡聞之時可知矣確然經傳何可指禪入評嗟乎佛老之害甚於楊墨昔賢

曾言之矣其與吾道之不相洽也若冰炭然湯喜讀書
冠進賢爲時鉅宿而評語若是皆溺於一時之習而不
覺形之口吻耳儻無明眼者力排其謬一往狂瀾孰爲
之砥東鄉數語有功於孔孟程朱者非淺其吾道之干
城也

語水陸雯若評廣東蕭俊予一以貫之文云夫子生知
尚自語好古敏求其教人也則以博文約禮又曰下學
而上達自金溪只空理會一貫以爲先立其大者其時

教至姚江而其說更熾初則以一貫廢學識繼則遁辭以先尋一貫而後學識則是先上達而後下學先約禮而後博文節節顛倒恐無此聖賢也朱子謂但主生知安行而學知以下一切都廢却貫個甚麽談空浩瀚引得一輩士人都顛狂嗟乎誰生厲階至今為梗可悲可痛也此文獨能於學識中指出一貫實義真可究講學之失而文之高爽俊偉足以達之云云蓋孔孟之書其尊於天下萬世而不可廢者惟所言皆實理實學實心

實事故也明末講學家喜談元奥濫觴而後流入空門一時鉅宿名流若飲狂藥遂不可挽此評極中其病備録之以為羽翼經傳之助

臧榮緒以夫子庚子日生凡庚日必陳五經再拜黄省曾亦以五經奉高架上朔望拜之有拜五經文余嘗怪明嘉隆以後士大夫相率佞佛若癡若狂稱佛為師而以弟子自稱捧唄持齋跽跪膜拜無所不至蓋其始也藉四子五經為進取之計洎乎獲售則置之高閣有若

匓靈誰復認孔孟為吾師爇瓣香一拜其座者葢其皈依西氏謂之護法而不知孔孟為何人語以藏黄二公事能無汗下

楊州天長道中有古塜土人呼為琉璃王塜馬氏嬾真子録辨為漢廣陵王胥謚厲後人誤以劉厲為琉璃耳

長安董仲舒墓門人至皆下馬謂之下馬陵訛呼為蝦蟇陵

雙橋隨筆卷十

雙橋隨筆卷十一

鳳縣知縣周名撰

晉徐藻妻陳氏與妹劉氏書有云老莊者絶聖棄智渾齊萬物等貴賤忘哀樂非經典所貴名教所取何必輒引以為喻耶陳鋅幃弱質也人引老莊以為喻猶然不滿況鬚眉如戟者四子五經置之不問而日與方外之流說無生話商出世事何其謬乎昔人遺人以巾幗謂

其不異婦人耳而不知婦人中固有尊經典而崇名教識見卓卓如是者而峩冠博帶之士所見乃出於其下真不可解也

杜詩云寧為百夫長勝作一書生大凡多事之世兜鍪跋扈氣壓儒冠遂使人有投筆之歎敢云挽一石弓不如識一丁字耶吾衢士子當進討耿逆時多暫輟業而猶賴制臺李公多方培植之力今夏歲試既嚴冒籍之禁而新生之進謁者至於命坐賜茶從容款語夫督府

至尊嚴也碧油幢下有若天帝雲君豈容望見而公之優禮士人破格如是擐甲之衆詫以為榮至有遇子衿而讓道以馳者古之大臣擁麾出鎮多事威稜求如公者指難多屈蓋兵戈擾攘中鄒魯詩書之緒藉以維持於不墜其有裨於文者非淺鮮矣

明三原王公之子自三原來京省公只如貧士止騎騾又公女適宋監生者只乘兩人轎嘗以銀二兩託雲南張鳳知印買寶石叮嚀切勿使公知之其家教如此又

河南耿公裕為禮部尚書時嘗曰吾暮自部歸必經過三原之門見其老蒼頭每持秤買油吾自入仕未嘗買油故每過輒面城而行蓋媿之也

需者事之賊也羅景倫云大凡舉事輕捷則易成繁重則難濟春秋時宋人殺楚使者楚子聞之投袂而起屨及於窒皇劍及於寢門之外車及於蒲胥之市何其輕捷也又管仲規桓公云人君惟優與不敏為不可優則亡衆不敏不及事余性最喜勤敏常慮兒輩以遲緩廢

務令書此語於座以代佩弦

江山賊擄一婦入營欲犯之不屈死焉留七言絶六首於壁賊破後有見而録之者僅存其半詩云欲將脆骨抵狂瀾禍到全身死不難寸縷芳魂何所寄一輪秋月照孤巒拚命非無骨肉恩妾身寧肯苟污存誰憐薄命存家信含淚難禁帶刃吞擡頭猶見燕成窩怨妾無家可若何一死身輕誰為殯好將白骨葬清波婦常山人也當此白刃如霜人人茅靡之際而從容就義出於婦

人雖寥寥數語衝口而出堪與日月爭光矣又一女未笄為賊所驅自投於井而死亦常山人一邑二事可謂競爽惜無從稽其氏族俾採風者并旌其閭以慰重泉之意耳雖然亂離以來賊衆狂逞一時貞媛烈士殞命於瀾翻鼎沸之中者不知凡幾又豈獨一二人湮沒不傳也哉

朱文公與慶國卓夫人書云聞尊意欲為五哥經營幹官差遣某竊以為不可人家子弟多因此壞却心性蓋

其生長富貴本不知艱難一旦仕宦便為此官只有使長一人可相拘轄又多寛厚長者不欲以法度見繩上無職事了辨之責下無吏民繫縶之憂而州縣守令勢反出己下可以陵轢故後生子弟為此官者無不傲慢縱恣觸事懵然愚以為可且為營一稍在人下職事喫人打罵差遣乃所以成就之若必欲與求幹官乃是置之有過之地誤其終身讀此簡仰見先生愛人以德之心真懇若是後生小子能時時讀之味之其裨於身心

不小也

屠緯真在京與人書有云遥想江村夕陽漁舟投浦反照入林沙明如雪花下曬網罟酒家白板青帘掩映垂柳老翁挈魚提瓮出柴門絶勝長安騎馬衝泥也又云每當馬上千騎颯沓堀堁紛紜僕自逍遥仰視雲空寄興寥廓踟蹰少選而詩成矣又云足下任清淮渡口烟銷月出水緑霞紅距風沙之地萬里而書來佗傺殊不自得何也數言寫景不啻事中有畫但蕭颯之意殊不

是長安仕宦語先生遭明末造與世浮沈興味清虚有雲中白鶴之致味其言真熱閙塲中一帖清凉散也

王陽明少時有童子師督令習走負兩磚於臂間令行十步久之能勝又各益一磚足背皆腫不令得息腫平痛止去磚而行往來如飛此即陶士行朝夕運甓之意而此師亦非尋常學究也心知陽明之不凡而慮其筋骨脆弱不堪勞瘁使之習焉而無所畏雖經百折而氣不衰矣圯上老人之於張子房亦然一在斂其鋒稜一

在堅其骨力同一意見也

黄鐸字希聲永樂中鄉貢舉人授徒崑山從之學者三日不授書惟命以正立必欲堅不動或怪以為問曰讀書易耳為人難苟坐立未當他何望焉識者以為善教

明王紳字仲縉學士禕之子年十三宋濂一見奇之曰華川有子蜀王禮聘教授蜀郡痛父遺骸未返邱壟白王走雲南慟哭行求不能得即奠死所仰天一號幾絶滇人感愴稱王孝子雲南布政使張紞重紳孝為作弔

王翰林文子稌字叔豐有志行壯力問學性至孝紳痛念父没食不兼味稌遵教子孫相承數十年不變父母喪三年酒肉不入口及卒門人私謚曰孝莊先生人謂之王文節不但有子且有孫凡人家門可表又不在科名勢位之際也

霍光欲以女妻雋不疑不疑固辭不肯當久之病免又欲以女妻劉德德亦固辭慮其盛滿後免爲庶人屏居田間當光爲大將軍時禍福之權在其掌握氣燄所薰

何止炙手一時倚冰附火之輩須其盼睞方且奔走營謀惟恐不得況一旦妻之以女為門中嬌客乎兩公乃於炎炎方熾時避而遠之雖遭屏棄而不悔其高識遠見何如也范明友誤墮錦繡囊中遂與其禍人生世上盈虛消息之理蓋可忽乎哉

趙閱道先生謚清獻趙挺之亦謚清獻氏族大全因兩公姓謚之同遂誤以趙明誠為閱道子而曰公二子屼明誠不知明誠蓋挺之子也又云李易安趙抃之子明

誠妻也其舛誤至此凡紀載之書如此類者不少不可不知又憶曾於某書中見有分别兩公混傳之故者似以挺之之獻為憲恨老人善忘而羣書又散失無可考聊記於此以竢好古者正之明誠夫婦前後金石録序甚佳

程伊川葬説云卜其宅兆卜其地之美惡也非陰陽家所謂禍福者也地之美者則其神靈安子孫盛若培擁其根而枝葉茂理固然矣地之惡者則反是然則曷為

地之美者土色之光潤草木之茂盛乃其驗也父祖子孫同氣彼安則此安彼危則此危亦其理也而拘忌者或以擇地之方位決日之吉凶不亦泥乎甚者不以奉先為計而專以利後為圖尤非孝子安厝之用心也惟五患者不得不慎須使異日不為道路不為城郭不為溝池不為貴勢所奪不為耕犁所及五患既除則又鑿池必四五丈遇石必更穿之防水潤也既葬則以松脂塗棺石灰封墓門此其大畧也若夫精畫則又在審思

慮矣其各葬者出不得已後不可遷就同葬至於年祀寖遠高曾不辨亦在盡誠各具棺槨葬之不須假夢寐蓍龜而決也葬之穴尊者居中左昭右穆而次後則或東或西亦左右相對而啓穴也出母不合葬亦不合祭棄女還家以殤穴葬之呂和叔喪說云詩曰凡民有喪匍匐救之不謂死者可救而復生謂生者或不救而死也夫孝子之喪親不能食者三日其哭不絕聲既病矣杖而後起問而後言其惻怛之心痛疾之意在不欲生

則思慮所及雖大事有不能周之者而况他哉故親戚僚友鄉黨聞之而往者不但弔死而已莫不為之致力焉始則置賻襚以周其急三日則共糜粥以扶其羸每奠則執其禮將葬則助其事其從柩也少者執紼長者專進止其掩壙也壯者盈坎老者從反哭祖而賵焉不足則賻焉不足則贈焉而凡有事則相焉斯可謂能救之矣故適有喪者之辭不曰願見而曰敢見此雖國君之臨亦曰寡君承事他國之使者曰寡君使某毋敢視

賓客主人見賓不以尊卑貴賤莫不拜之明所以謝之且自别於常主也賓見主人無有答其拜者明所以助之且自别於常賓也自先王之禮壞後世雖傳其名數而行之者多失其義喪主之待賓也如常主喪賓之見主人也如常賓如常賓故止於弔哭而莫敢與其事如常主故舍其哀而為衣服飲食以奉之其甚者至於損奉終之禮以謝賓之勤廢弔哀之儀以寬主之費由是則先王之禮意其可以下而已乎今欲行之者雖未得

盡如禮至於始喪則哭之有事則奠之又能以力之所及為營喪事之未具者以應其求輟子弟僕隸之能幹者以助其役易紙幣壺酒之奠以為襚除供帳饋食之祭以為賵與賻凡喪為之待已者悉以他辭受焉庶幾其可也宋子京治戒云吾沒稱家之有無以治喪殮用濯浣之衣鶴氅裘紗帽綫履三日棺三月葬謹無為流俗陰陽拘忌也棺用雜木漆其四會三塗即便止數十年足以腊吾骸朽衣巾而已吾之焄然蒿然皦皦有識

者還於造物放之太虛可腐敗者合於黄壚下付無窮吾尚何患掘塚深三丈小為冢室劣取容棺及明器左置明水二盆酒二缸右置米麴二奩朝服一稱韡履自副左刻吾誌右刻吾銘即掩壙惟簡儉無以金銅雜物置塚中吾學不名家文章僅及中人不足垂後為吏在良二千石下猶可容數人無功於國無惠於人不足以請謚於有司不可受贈典又不宜求鉅公作誌及碑塚上植五株栢墳髙三尺石翁仲它獸不得用蓋自標置

者非千載永安計耳毋作道佛二家齋醮此吾生平所
志若等不可違命作之違命作之是死吾也是以吾為
遂無知也葬之日以繪布纏棺而翣引毋作方相俑人
陳列衣服器用累吾之儉吾平生語言無過人者謹無
妄編綴作集使後世嗤詆吾也吾侍上講勸凡十七年
上頗記吾面目姓名然身後不得丐恩澤為無厭事若
等兄弟十四人惟二孺兒未仕此以委莒公莒公在若
等為不孤矣若等兄弟雖有異母者古人謂四海之内

皆為兄弟況兄弟之不懷汞合他人人詎肯信哉縱陽合之彼應笑且憎也若等視吾事莒公如何莒公友吾云何可以為法矣人不可以無學至於奏議箋記隨宜為之天分自有所禀不可强也要得數百卷書在胸中則不為人所輕誚矣右録三先生三篇皆人子愼終追遠之語以示兒輩使余異日易簀後兼覔文公家禮斟酌行之大約必以朴儉為主不但我家貧薄無力從時且能順我生平最所厭惡之舉而盡去之九原之下暢

快實甚苟讀聖賢書而知遵其訓不落婦人女子販負屠沽之見者必不以余言為可置也

王槐野先生諱維楨華陰人也為人戇直朴畧自謂受性已定猶僕之貌修幹廣顙昻首軒眉揭臂闊步皆造化陶冶不可移易又云西子者里之姣好人也一日西子痛心疾乃捧心而顰觀者益以為艷其里婦慕之亦捧心而顰家人見之詫曰此固吾家婦奈何倐而化為鬼也今令僕守吾素即不投俗猶自稱人變之則化為

鬼家人駭矣僕即死不顧也其自信不移如此故其與浙江趙巡按姜簽事二書因海寇之亂直陳時弊激切痛快皆他人所不能道所不敢道者真救時之藥石也

余於范月工架上得其集讀之謂其為文多右正嫉邪揚幾刺惡時抉胸臆以巷不平曲為引譬以發奇思真所謂擲地有聲入土不蠹者不但辭句之沉雄軼蕩令人避三舍也

唐太宗太子冠有司言二月吉請造兵符儀仗太宗曰

東作方興宜改用十月蕭瑀奏據陰陽書不若二月太宗曰吉凶在人若動依陰陽不顧禮義吉可得乎循正而行自與吉會農時急務不可失也太宗英明其見理若是後世之人圖謀吉利瑣瑣於占時擇日而於禮義有不知為何物者何其昏瞀之甚也

宋孟珙屯黄州邊民來歸者日以千數為屋三萬間以居之厚加賑貸又慮軍民雜處因於高阜為齊安鎮淮二砦以居諸軍二事有裨於民生者不淺在今日惟我

督臺李公有之既搆屋以處難民又於沿城空地多建
營房殘民初集得免鳩居之擾自軍興以來大江以南
如杜詩所謂各使蒼生有環堵未有若吾西安者也
商鞅立法舍人無驗者坐之及公子虔之徒害商君欲
反發吏捕鞅鞅亡至關下欲舍客舍舍人不知其為鞅
也曰商君之法舍人無驗者坐之鞅喟然歎曰為法自
敝一至此哉唐武后命來俊臣鞫周興獄俊臣與興方
推事對食謂興曰囚多不承當用何法興曰此甚易耳

取大甕以炭四周炙之令囚入其中何事不承俊臣索大甕如興法起謂興曰有內狀推兄請入此甕路巖為相密奏臣下有罪賜死者令使者剔取結喉三寸以進驗其實至賜巖死乃自罹其酷五代時閩薛文傑以古制檻車跦闒更為之形如木櫃攢以鐵鋌內向動輙觸之既成而適以衆怒檻車送文傑於軍前首自入焉武后盛開告密有魚保家者請鑄銅為匭以受天下密奏其器一室四隔上各有竅可入不可出后善之未幾其

怨家投匭告保家嘗為徐敬業作兵器遂伏誅宋盧多遜貶朱崖李符知開封府言於趙韓王曰朱崖雖在海外而水土無他惡貶者多生全春州在內地而近至者必死望追改前命亦外示寬貸而置於必死之地趙領之月餘符坐事貶宣州行軍司馬上怒未已令再貶嶺外趙具述其事即以符知春州到郡月餘而卒此六人皆所謂為法自斃者惡人之報如是始快人心始彰天理

南唐邊鎬初從查文徽克建州凡所俘獲皆全之建人謂之邊佛子及克潭州市不易肆潭人謂之邊菩薩既而政無紀綱惟日設齋供盛修佛寺潭人失望謂之邊和尚

元盧世榮入中書即日奏詔理鈔法之獘自謂其生財有法用其法當賦倍增而民不擾翰林學士董文用謂曰此錢取於右丞家耶將取之民耶取於右丞家則吾不知若取於民則有說矣牧羊者歲常兩剪其毛今牧

人日剪以獻主者固悦其得毛之多然羊無以避寒熱既死且盡毛又可得乎民財有限右丞將盡取之得毋有日剪其毛之患乎世榮不能對從來重賦之喻未有精於此言者

雙橋隨筆卷十一

欽定四庫全書

雙橋隨筆卷十二

鳳縣知縣周召撰

愛敬以養生哀戚以送死墓焉而葬位焉而祭皆本於禮而不可忽者先王教民之通法也喪而用浮屠之術墓而信葬師之說資冥報於不可致詰之間徵休咎於無情難驗之川阜上以為親謀下以為身利者此古之所未聞也後世閭夫野人多趨信而甘心焉親沒於牀

不于禮而于浮屠不哭泣擗踊而于鐘磬鐃鼓非是之務則人交笑以為簡時可葬矣泥於山川之利否而不即葬或至于終身或自死而遺櫬於子孫甚者子孫恐葬之禍其身舉而棄之水火葬親以禮者世反非之為愚嗚呼是何其不察而至於此極乎彼浮屠之所謂輪迴者果可信耶天之生人物者二氣五行也其運也無窮其續也無端先者過而後者來未嘗相資以為用者二氣五行之常也自草木而觀之發榮於春盛壯奮長

蔚乎而不可遏及乎戒之以凜風申之以霜露昔之沃澤茂長一旦飄而為浮埃化而為汙泥生理殫盡跡可窺矣其發生於明年者氣之始至者為之也豈復資既殞之餘榮惟人也亦然得氣而生氣既盡而死死則不復有知矣茍有焚炙封割佚樂適意身且不有而何以受之形盡氣盡而魂升魄降無所不盡安能入人胸腹重生於世而謂之輪迴也哉天地至神之氣以其流行不窮故久而常新變而不同使必資已死之人為將生

之本則造化之道息矣烏足為天地儻或有之人固不知之也浮屠亦人耳何自而獨知之彼以其茫昧不可揣索故妄言以誤世夫豈可信而事其教乎孔子謂祭之以禮為孝則事異端之妄棄聖典而不信者其為非禮也大矣不孝孰加焉而闇者固安之而不以為非胡可哉葬師之動人以禍福其說尤怪人之昌隆盛熾者其先必有厚德之遺賤貧夭絕者必有餘惡之著山川何與焉誕者則不然聞有富貴之人於此則歸福於塋

塚曰此某形也此某徵也於葬之法宜爾也聞有貧賤之人於此則曰此葬之罪也此於法宜至於斯者也信斯言也彼人之多財而力足者皆相率而為不善及乎死也求善地以葬其身則可免子孫於禍夫孰肯為善乎由大而論之係乎盛衰者莫大於國都殽函河渭無異也秦帝之亡漢帝之昌隋據之而促唐據之而長果在於善地乎帝王之尊家天下而役海内使地善而可興竭智以營陵廟奚求而不致而亡國敗主相屬則果

不在乎此也審矣古之卜宅兆云者以神道定民志也非視岡阜之向背順逆臆度目斷如世之葬師之為也葬師祖晉郭璞書其書苟可信璞用之以葬其祖者宜有奇驗不誤而璞卒死於篡賊其身不能福而謂能福乎人其可信否耶世之人多信之不知自陷於不肖而莫之贖也嗚呼先王之禮一失而流於野再壞而化於異曁其大壞而不可為忽乎入於禽獸而不之覺也寧不哀哉自今而往吾不能知其所至矣其心浸淫膠固

非空言所能華也吾獨以告吾族人親喪必以三年三年之制必循禮勿以浮屠從事違者生罰之死不祠於先祠葬卜吉凶而勿泥於葬師之説期必以三月三月不能至五月五月不能至七月過一歲者如違喪禮之罰必刻壙誌墓銘力不足者刻其名俾後有考作方氏喪葬儀此明方正學先生宗儀九則之一也浮屠葬師之説余所深惡每欲暢言其謬而筆端庸蘭不能盡先生此篇深切著明人人可曉真有家者所宜取法其有

禪於人心風俗非淺鮮也九則其八曰尊祖曰重譜曰睦族曰廣睦曰務學曰謹行曰修德曰體仁余皆奉之以為訓而另録是編於此者浮屠葬師之害浸淫膠固雖名流鉅公亦多信之而不以為非不揣於雜録中妄陳末議今得先生以為助則孤掌之鳴可不甚畏故載於筆者不憚再三耳已又得劉伯温先生書劉禹疇言行傳後語亦可以見浮屠之謬併録焉閲之者當益信也

浮屠之術果何道而能使人信奉之若是哉人情莫不好安樂而惡憂患故揣之必於其所恒懼誘之必於其所恒願然後不待驅而自赴浮屠設為禍福之說其亦巧於致人與夫四海之衆林林也而無不為其所致何哉彼固非止於惑愚昧已也人情無不愛其親親没矣哀痛之情未置而謂冥冥之中欲加以罪孰不惕然而動於其中哉間有疑焉則羣咻之若目見其死者拘於囹圄受箠撻而望救者故中材之人莫不波馳而蟻附

雖有篤行守道之親則亦文致其罪以告哀於土偶木俑之前彼固自以為孝而不知其為大不孝豈不哀哉且彼謂戕物者必償其死故有牛馬羊豕蛇虺之獄謂天下之蠢動者舉不可殺也今夫虎豹鷹鸇搏擊蜚走以食日不知其幾何而獨無罪也哉人之殺物有獄矣虎豹食人而無獄何其重禽獸而輕人也彼又謂婦人之育子者必有大罪故兒女子尤篤信其說以致恩於其母吾不知司是獄者誰與人必有母將舍其母而獄

人之母歟將并其母而獄之歟獄其母不孝舍其母而獄人之母不公不孝不公俱不可以令二者必一居焉將見羣起而攻之矣雖有獄誰與治之宰天地者帝也彼則謂有佛焉至論佛之所為呴呴嘔嘔若老婦然有呼而求救不論是非雖窮凶極惡無不引手援之使有罪者勿懷刑是以情破法也夫法出於帝而佛破之是自獲罪於天也吾知其無是事也昭昭矣以劉子之賢其不為所惑無足怪者吾獨悲夫天下之為劉子者不

多也故又為之言以悟夫知愛其親而不知道者雖然今之羣相尊奉而不知厭者又不過尚虚華妝體面反勉強支撐以了故事而已求其慮親於冥冥之中有加以罪而愓然動念者又不可得矣悲夫

王百谷先生作吴社編顧文學雲龍又遺書補其所未備蓋皆憤俗憂時之語也吾鄉最稱實瘠而邇來俗尚競趨華靡雖當兵燹之餘甫集安宅而編中所嫉喜譏尚怪輕人道而重鬼神諸陋習亦皆有之舉國譸張若

飲狂藥余無力挽回不勝風俗之慮録編之前後語及顧書附雜記中冀兒輩省覽倘有欲正人心息邪説距詖行放淫辭以維持吾道如孟夫子者乎當不訾余以為忤俗也

里社之説所以祈年穀祓災祲洽黨里樂太平而已吴風淫靡喜訛尚怪輕人道而重鬼神舍醫藥而從巫覡毀宗廟而建淫祠黜祖禰而尊野厲嗚呼獘也久矣每春夏之交妄言神降於是游手逐末亡賴不逞之徒張

皇其事亂市井之聽惑稚狂之見朱門纓縷之士白首耄耋之老草莽鎛笠之夫建牙羆虎之客紅顏窈窕之媛無不驚心奪志移聲動色金錢玉帛川委雲輸百戲羅列威儀雜遝啓僭竊之心滋奸慝之行長爭鬬之風決奢淫之漸潰三尺之防廢四民之業嗟乎是社之流生禍也昔郭代公戮豕烏氏之妖亡西門豹沉巫河伯之害息今之長民者不是之問豈所謂魯人獵較孔子亦獵較歟不然是或一道也吾儕小人不可知也已 王百

谷吳社編序

百谷信奇材也可畏哉吳社編之作非徒摛藻適情而已蓋有憫時之懷先事之慮焉他日柄用其所設施而展布者具見之矣第編中一二未盡敢畧陳之出武庫之戈矛用公家之甲冑遂使枌榆之社忽類行陣之交攻簫鼓之場儼作潢池之盜弄太平之世豈可以有此乎又有其甚者焉會首醵財不啻千金輿木偶而入人之門恣所要求假神威以懲人之慢僞張維絷甚者郡

倅出遊迴車讓道幕僚入請行令戒途此有以滋無忌者之心而來欲逞者之計未幾則盜發附郭之民家禍作嚴城之宦室矣憶得往年嘗一舉之不旋踵既兆舋之變此固有識者之所寒心也近者鄉達老成閉扃門巷不容入里是即百谷之心焉耳賤子慚無馬遷記事之才徒抱王充嫉俗之戚幸以愚言轉致作者使潤色而增損之聞之當道必有讀未終篇推案而起者矣

今夫儒服而賊夫儒者有三一曰畔儒樹二氏之幟以

簧鼓喜名矜異之士謂其道玄妙無上而孔孟之言特詳於下學云爾此白晝大都操戈入室而無復忌憚者也一曰間儒以先聖之道不可易也二氏之說不可勝也合而一之姑以惑世使學者無深拒焉而且駸駸入於其中而不覺此策士所謂辭卑而進為二氏間者也一曰竊儒陽稱孔孟之學而陰宗二氏之旨指之曰禪則深避其名而厭然掩之其徒從而推之曰此聖學正脉也二氏之道去聖學非遠也所異者幾希之間耳此

以詩禮發塚行之暮夜而憎東方之明者也斯三者其說盈於天下矣春秋之作非惡儒也惡儒而異者也孔子曰攻乎異端斯害也已異端之害猶可言也儒而異異而儒其害何可言也

語曰家有常業雖饑不餓夫無常業游民也豈惟不免於餓放辟邪侈無不至而刑戮隨之矣古之君子帶經而鋤負薪而讀固貧者之業也奚足恥也士而恥貧不足以為士矣貧而無業不可以為人矣

郁離子言人而不死則天地間無所容人矣死而皆為鬼則天地間無所容鬼矣乃人之言金丹不死者非獨庸人也高明名士多好之或傾家亡身而不悟淫祀求福非獨婦人也縉紳大夫篤信之乃願為僧巫輩嗤矣而不辭彼亦何至於是哉由學術不明人心不正而利之陷溺人一塵之眯目遂不見嵩華耳

蘭江章文懿公天性朴誠其家居每歲請門生二次清明一次冬至一次皆其祭先之福物也兩人共一席有

不至者文懿自專一席狼餐而盡若門生續至則夫人自來益之夫人平日與門生皆相見文懿他時只蔬食初非矯强亦無意必其朴誠之性以為有則吃無則已順其自然適當如是而止耳以視後來仕宦之家其奢與儉何啻霄壤文懿移居城中宅後有天福山一日本縣有勾攝一罪犯經文懿門前過徑走入其家從天福山逸去差人在文懿家作閙謂藏匿此人文懿令其至內尋索差人直進卧房遍尋不見亦從後門上天福山

追趕而去文懿與夫人畧不動色焉

張安世家僮數百人皆有技業虞宗治家富殖以奴婢無游手可法哉余以為子弟甚多尚有賢與不肖之可慮况家僮數百乎省事不如省官必汰其狡黠而恣肆者用其謹朴而誠厚者可也

唐徐敬業世勣孫也勣慮其狡猾必覆宗偵其出獵縱火焚之敬業即殺其所乘馬匿腹中浴血而出後以失職怨望起兵討武氏兵敗而死宋胡明仲寅康侯弟之

予少桀黠難制父閉之空閣閣有雜木寅刻為人形康侯曰當有以移其心别着書數千卷於其上年餘寅悉成誦不遺一卷後為有宋名儒兩人皆以少年時駘宕不羈為祖父所憂而其後來結局相異如此所以然者寅為儒門子弟習見夫詩書禮義之容一變至道家訓使然若敬業目中惟乃祖軍中戰鬬攻取事耳而世勣阿旨立武曌為后幾覆唐宗雖病中以子孫付弟之言不為不正債轅之報又何能免人生世上父兄之教蓋

可忽乎哉

程明道兄弟游成都見治篾箍桶者挾册就視之則易也篾者曰若嘗學此乎因指未濟男之窮以發問二程遜而問之曰三陽皆失位後聞人袁滋入洛問易於伊川伊川曰易學在蜀盍往求之滋入蜀見賣醬薛翁於邛眉間與語大有所得尚有郭曩氏及譙定與篾叟醬翁皆隱君子也

宋代以畫竹名者曰文與可曰蘇東坡與可畫竹是竹

之左氏也子瞻却類莊子又有息齋李衎者亦以竹名所謂東坡之竹妙而不實息齋之竹真而不妙者是也梅道人始究極其變流傳既久真贋雜錯徐文長云梅花道人畫竹如羣鳳為鶻所掠翎羽騰閃捎掠變滅之詭雖鳳亦不得而知余偶獲道人真蹟秘為至寶不意竟失於兵火令人悵恨無已茲録兩公評語當怦怦不釋時揭而讀之庶使當日淋漓走筆之狀彷彿在吾目中聊以自慰耳

沈維時石田之子也性嗜古器物書畫遇名品摩撫諦玩喜見顏色往往傾橐購之菑畬所入足以資是縹囊緗帙爛然充室而襲藏惟謹對客手自展列不欲一示非人至尋核歲月甄品精駁歷歷有據江南賞鑒家咸推之又喜積書讐勘勤劇曰後人視非貨財必不易散萬一能讀則吾所遺厚矣錢孔周所與遊唐伯虎徐昌穀湯子重王履約履結文徵仲室廬靚深嘉禾秀野性喜蓄書每倂金懸購故所積甚富山經地誌稗官小說

無所不有遇有所得隨手劄記積數巨帙文先生極重之寫贈碧梧高士圖兩公皆吳人雅人深致迄今相見如對清泉白石令人滓穢俱消黄山谷云世人惟俗不可醫余謂書兩公事爲一紙燒成一劑用佳茗送下或可以療但恐已入膏肓縱有純灰十斛不能若頭風之易愈耳

宋羅景綸先生有方寸地說取俗語但存方寸地留與子孫耕二句而衍之也其言親切而有味載所著鶴林

玉露中併其全集皆堪諷覽

西家之東即東家之西我往彼亡紂以甲子亡周不以

甲子興乎卜以決疑不疑何卜事之可否當斷於心何

以禱爲爲此言者胸如鏡眼如電膽如箕不假思維衝

口而出有斬釘截鐵解牛破竹之力彼青烏赤庭家雖

有百喙於何處更進一語

帝王之興以德爲瑞而不在於星雲海嶽鳥獸草木之

奇自昔人好異而有流虹繞電麟遊鳳巢草生魚躍等

語記事之家不能削去益滋後世虛誣誕妄之習而草澤之間且有假其事以惑愚民而成亂階者善乎劉子𤣥史通之論書事也曰祥瑞之岀非關理亂蓋主上所惑臣下所欺故德彌少而祥彌多政愈劣而祥愈盛是以桓靈受社比文景而爲豐劉石僭符比曹馬而益倍史官徵其謬説録彼邪言眞僞莫分是非無別其煩一也蓋説瑞稱祥其謬易見而從古及今鮮有一斥其非者子𤣥之論豈非千古卓識

黃山谷與其甥洪駒父書有云尺壁之陰常以三分之一治家以其一讀書以其一為棋酒公私皆辦矣黃長吉曰公私皆辦語殊近情使人躍從而余以為最易誤人之語也蓋子弟資性中下者多終朝閉户尚恐坐馳況於飲酒着棋乎邇有一擢高第者先是曾以優為戲一時少年輩不問其人學殖何似也棘闈乍蹶輙謂取科第無事嘔心但如某者止以豪華跌宕之氣掇若承蜩耳於是與卷帙漸踈至於流蕩而忘返而其蹭蹬不

得志也日益甚然則山谷之意以駒父之天分高而識力定雖分其功於棋酒而不受其累觀其目之為江南千里駒可見矣故其言如是苟非其人而又有家棣之責則一日之内繼之以夜以一分治家二分讀書棋酒之興偶一為之餘皆閉目與口勿貽濡首之悔可也

張魯祖陵客蜀學道鵠鳴山中造作道書以惑百姓從受道者出五斗米故世號米賊陵死子衡行其道衡死魯復行之據漢中以鬼道教民自號師君孫恩世奉五

斗米道叔父泰師事杜子恭有秘術泰伏誅恩逃入海衆聞泰死皆以為蟬蜕登仙故就海中資給恩恩寇臨海為太守辛景所破窮慼自投於海而死妖黨及妓妾等皆謂之水仙從死者以百數隋宋賢善為幻術自稱彌勒出世每夜樓上有光明能變作佛形又懸大鏡於堂上素紙上畫為蛇為獸及人形有來禮謁者轉側其鏡遣觀來生形像或映見紙上蛇形子賢輙告云此罪業也當更禮念又令禮謁乃更人形示之遠近惑信日

數千百人遂潛謀作亂將為無遮佛會因舉兵欲擊乘輿事泄鷹揚郎將以兵捕之夜至其所遶其所居但見火坑兵不敢進郎將曰此地素無坑止妖妄耳及進無復火矣遂擒斬之以上諸賊自古及今往往有之而愚者為其所惑遂至狓猖有御民之任者所宜防微杜漸嚴行左道之禁止亂在於未形其功較易耳郎將惜不記其姓名

三國志魏書所載濟陰王思蓋濟陰人姓王名思也往

見讀史快編以思為魏宗室而濟陰乃其所封之地遂以曹為姓而直曰曹思云云其誤甚矣

吾鄉藏書之富如余四泉徐賓梧葉寅陽方孟旋徐魯人徐雲林諸先生余繩之式如昆季充棟汗牛不數惠車張乘雖余家無賜書而四十年間典衣縮食忍凍與饑而購之者大國壇坫之下稍足附江黃焉革代以來諸家所蓄散亡者不少然收合餘燼尚可成師不意此番之變雖有汲冢魯壁為之一空後來子弟誰復知有

鄴架曹倉之盛者吾願繼起之彦拓開眼界雖力不能
購亦效編蒲織柳日營未見之書慎勿以劍首一吷坐
井觀天而口誦芝麻通鑑自矜博覽也

唐華原柳氏自公綽公權開家其後若仲郢若璞若珪
若璧若玭皆有家法公權太醫箴玭家訓並宜錄置座
右使烏衣子弟讀之毋令以賣綾絹牙郎為其婢所笑
明況鍾始由小吏拔為郎宣德間以三楊特薦為蘇州
守宣廟賜璽書假便宜治郡政聲赫然為明時郡守之

最王晉溪曰司衡者要識拔真才而用之甲未必皆優於科科未必皆優於貢而甲與科貢之外又未必無奇才異能之士必試之以事而後可見云云歷觀況公治蹟益知王公此論不甚河漢或曰甲與科貢之異途自文章始也然即以文論而科亦有優於甲貢亦有優於科與甲者又不待試之以事而後見也而以一日之遇遂判終身卒無見根知花越格以相視者何哉余不能

答

眉公云凡祖諱及名臣與鄉邦先達名字皆當牓帖壁上恐子孫奴隸有因而相仍者不可不慎

楚昭王時有雲如衆赤鳥夾日以飛三日楚子使問諸周太史太史曰其當王身乎若禜之可移於令尹司馬王曰除腹心之疾而置諸股肱何益不穀不有大過天其夭諸有罪受罰又焉移之遂勿禜初昭王有疾卜曰河為祟王勿祭夫人請祭諸郊王曰三代命祀祭不越望江漢睢漳楚之望也禍福之至不是過也不穀雖不

德河非所獲罪也遂弗祀孔子曰楚昭王知天道矣其不失國也宜哉玄冥子曰不禳妖不祭河二事可見楚子於死生禍福理上看得十分透徹非惟可以破衆惑補世教進此便入死生不二之門矣此孔子所以歎為知道也

左傳國語吳越春秋越絶書史記諸書所載吳越兩國君臣情事皆若寫生而國語中夫差刼盟文種倡謀伐吳數段古藻非常讀之令人驚心動魄尤為諸作之冠

古人文字刻畫有若百鍊千鎚握槧家對之如睹三代鼎彝六朝金粉一時無色

松江徐養齋居鄉每過往還之家見陳設過盛則慘然不樂遂不舉箸或勸之則曰吾今日心齋當茹素也里中從公之化稍稍崇儉

葉文莊公水東日記云吾平日行李出入未嘗有意擇日每為同事將官中貴所懇留聞士大夫喜談星命者亦頗厭之近見富鄭公以禄命不利稱病歐陽公避五

月不上官古人乃爾豈亦未能免俗耶余性多偏文莊公所云不擇日不談星命兩事亦頗有之然自謂古人今人中相合者甚少不意文莊公早已為之矣余之瑣瑣豈敢妄效前賢但得一二同心者差可以自堅耳

明孝宗嘗問一內侍云今各衙門官每日早起朝參日間坐衙其同年同僚與故鄉新舊亦須燕會那得工夫飲酒內侍答云常是夜間飲酒孝宗曰各衙門差使缺人若是夜間飲酒騎馬醉歸那討燈燭今後各官飲酒

回家逐鋪皆要籠燈傳送兩京盡然雖風雪寒凛之夕半夜叫燈未嘗缺乏孝廟之體恤羣臣備極如是然余以為當日各衙門官亦皆能體人主優恤臣下之意而兢兢守法則可耳倘因是而流湎無節則半夜叫呼民受其擾反為逐鋪之累矣

吾邑有廟奉景祐真君額曰忠烈幞頭金甲目睅而面藍雜以白圈紅點如世所扮鬼王之狀相傳以為張睢陽也殊可駭異嘗見桂林辯疑三事其一以為桂林屬

邑有周文王泰伯孟母漢高祖張良韓信等廟莫究所以及觀建武誌邕州亦有高祖廟云馬伏波征蠻酋長請降願朝漢天子於是立高帝廟以祠之又父老相傳云宋胡穎守潭專毁淫祠惟前代帝王及忠臣烈士祠不毁後穎轉官廣西鄉人聞風皆以淫祠易以帝王名臣之號幸免一時相傳至今遂不能改以其所言近理彼溺於淫祠者尚當省哉云云以是觀之則忠烈之稱或假睢陽以為名亦未可知然邑北之項山有項王廟

而四鄉野廟無不奉楚霸王像者又不知何故

宋崇寧大觀間蔡京當國設元祐正人黨籍之禁蘇文忠公文辭字畫存者悉毀之人莫敢讀其文政和中建上清寶籙宮齋醮之儀備極誠敬徽廟每躬造焉一夕道士拜章伏地踰數刻乃起叩其故對曰適至帝所見奎宿奏事良久方畢臣始能達上帝頗歎異問奎宿何如人其所奏何事曰所奏不可得聞言此星宿者故端明殿學士蘇軾也帝為之改容遂弛其禁友人偶談及

此謂余不信陰陽者如此等事真耶否耶余曰此道士
必能敬慕蘇公者故偽其事以動帝聽不覺聳然盡改
前事耳時帝奉道教方極其誠而道士伏地狀及見帝
而奎宿奏事等語皆易入其耳或在事之臣有陰為此
計而囑道士為之亦未可知也又常州報恩寺僧堂新
成以板為壁公題寫幾遍後黨禍作凡公之遺墨所在
搜毀寺僧以厚紙糊壁塗之以漆字賴以全至紹興中
詔求蘇黄墨跡時僧死久矣一老頭陀知之以告郡守

除去漆紙字畫宛然臨本以進老頭陀得祠曹牒為僧

蓋公之片辭隻字人皆愛而護焉若是道人與此僧事

皆可傳惜不記其名也

雙橋隨筆卷十二

總校官編修臣朱鈐

校對官編修臣吳省蘭

謄録監生臣劉廣恕

圖書在版編目（CIP）數據

雙橋隨筆 / (清) 周召撰. — 北京：中國書店,
2018.8
ISBN 978-7-5149-2060-4

Ⅰ. ①雙… Ⅱ. ①周… Ⅲ. ①哲學 – 中國 – 清代
Ⅳ. ①B249.9

中國版本圖書館CIP數據核字(2018)第080080號

四庫全書·儒家類

雙橋隨筆

作　者　清·周　召　撰
出版發行　中國書店
地　址　北京市西城區琉璃廠東街一一五號
郵　編　一〇〇〇五〇
印　刷　山東汶上新華印刷有限公司
開　本　730毫米×1130毫米　1/16
印　張　36
版　次　二〇一八年八月第一版第一次印刷
書　號　ISBN 978-7-5149-2060-4
定　價　一二八　元（全二册）